鄂圖曼帝國英雄和那些女人們

蘇丹、寵妃、建築師……
10位關鍵人物的趣史
帶你穿越鄂圖曼興衰600年

小笠原弘幸 著　林姿呈 譯

自序

從前，有一個國家叫鄂圖曼帝國。

十三世紀末，該國在與現代土耳其共和國國土幾乎重疊的安那托利亞半島上的某個角落初試啼聲後，便在接下來的數個世紀不斷擴大領土，奪得伊斯蘭世界霸權寶座，成為橫跨歐亞非三大陸地的大帝國。鄂圖曼帝國以伊斯坦堡為首都，十六世紀圍攻哈布斯堡帝國首都維也納，成為當時世界最強大的國家。儘管帝國於十八世紀末臣服於迅速發展的歐洲列強之下，依舊在近代化改革取得一定程度的成功，守住其身為伊斯蘭世界盟主的地位。

歷經興盛與衰頹，鄂圖曼帝國於一九二二年滅亡，距今不過百年。

鄂圖曼帝國何以變得如此繁榮強盛？其原因之一是因為各種不同出身的人都能在這個國家發揮所長。

鄂圖曼帝國的王族為突厥人，以突厥語為官方用語，因此往往容易被誤認為是「突厥人的國家」。然而，事實是帝國從不問出身，各種民族都能在其土地上發展，諸如阿拉伯人、阿爾巴尼亞人、希臘人、庫德人、塞爾維亞人……毫無疑問的，鄂圖曼帝國是一個多民族國家。

另一方面，鄂圖曼帝國信奉伊斯蘭教，是個以穆斯林（伊斯蘭教徒）為主體的國家。其他基督教徒、猶太教徒等非穆斯林臣民，儘管權利受限，在社會及經濟上依舊占有重要地位，原基督教徒皈依改信伊斯蘭教後，在政治中心嶄露頭角的情況並不少見。

正因為鄂圖曼帝國是由多民族、多宗教構成，因此才能罕見地在歷史上延續六百年之久。換言之，帝國的悠悠歷史，是由各式各樣民族宗教的「人民」所堆砌而成。

以鄂圖曼帝國為代表的穆斯林諸王朝，具有撰寫人物傳記的悠久傳統，且不限君王或顯貴，不少傳記專門描寫詩人、書法家、宗教學者等活躍在各大領域的翹楚。這大概是因為他們認為，國家及社會乃靠人民種種活動所支撐，記錄這些人物的名字和成就，便是記錄歷史本身。

本書承續上述傳統，從生活在鄂圖曼帝國的眾多人物中，遴選最具魅力的十人撰寫評傳。適才，筆者用了「最具魅力」的字眼。當然，帝國漫長的歷史中，英雄、偉人不勝枚舉，從中挑選十人實是一項艱鉅任務，最後筆者謹遵以下三大原則。

第一是身為君主的蘇丹。鄂圖曼帝國是個遵奉奧斯曼家族為王室的王朝國家，其中蘇丹始終扮演著重要角色。儘管蘇丹的威權自十六世紀後半葉開始衰微，但在帝國重要轉捩點上，依舊有精明強悍的蘇丹為推進改革挺身而出。提及鄂圖曼帝國的英雄豪傑，豈可撇開蘇丹避而不談。

三十六名蘇丹之中不乏實力雄厚之人，個人謹選王朝創始人奧斯曼一世（Osman I）、促使該國成為真正帝國的第七代蘇丹梅赫梅德二世（Mehmed II）、以及帶領帝國從危機中復興的第三十代蘇丹馬木德二世（Mahmud II）。

第二為女性。不限於鄂圖曼帝國，在前近代國家中，女性鮮少有機會站在幕前大展身手。即便如此，還是有部分帝王之家的女性擁有政治影響力。到了近代，則有王族以外的市井女性表現受人矚目。這些人當中，我想探討「蘇雷曼大帝」蘇雷曼一世的寵妃許蕾姆（Hürrem）、身為蘇丹母后而掌握權力的珂姍（Kösem）妃、以及帝國末期以革命家身分大放異彩的哈莉黛・埃迪布・阿迪瓦爾（Halide Edip Adıvar）共三人。

第三則是藝術家。人稱鄂圖曼帝國為尚武之國，這個說法並沒有錯。以往，鄂圖曼帝國在學問藝術上所獲得的評價，遠比不上其他穆斯林諸王朝。然而，近年來有學者指出，該國的文藝發展不輸其他國家，相關研究也不斷進展。書中將介紹致力參與遍布土耳其各大建築建設的建築師錫南（Mimar Sinan）、在細密畫世界掀起革命的阿布杜契里・勒弗尼（Abdulcelil Levni）、以及既是西畫家同時也是考古學者的奧斯曼・哈姆迪（Osman Hamdi Bey）三位奧斯曼美學推手。

最後一名人物無法歸類在上述任何類別，那便是斷絕鄂圖曼帝國存續，成為土耳其共和國第一任總統的穆斯塔法・凱末爾（Mustafa Kemal），又稱阿塔圖克（Atatürk），再也沒有人比他更適合作為本書結尾。

本書將順著時代發展，介紹這十人的生平事蹟。藉此，不熟悉鄂圖曼帝國的讀者亦能一同體驗該國的悠長歷史。當然，你可以自由地從感興趣的章節切入，抑或從聽過名號的人物開始閱讀，都不會有任何障礙。

執筆當下，筆者亦盡可能客觀評析他們在現代的定位。這些俊傑並不是遭人遺忘的遠古過客，他們依舊活在當下。各章於起始頁面插圖刊載每篇主角的肖像畫，從「作品賞析」導讀，逐步帶入正文，並另外設置五篇專欄，簡單介紹本文中無法充分論述的個人及團體，請在閱讀本文之暇，撥冗閱覽。

那麼，就讓我們一起揭開本列傳的序幕。

鄂圖曼帝國英雄和那些女人們／目錄

梅赫梅德二世 1432年—1481年

許蕾姆 1505年左右—1558年

建築師錫南 1491年左右—1588年

1600年
1700年
1800年

珂姍 ？—1651年
勒弗尼 1681年左右—1732年
馬木德二世 1785年—1839年

1800年
1900年
2000年

奧斯曼・哈姆迪 1842年—1910年
哈莉黛・埃迪布 1884年—1964年

1900年

2000年

穆斯塔法·凱末爾

1881年—1938年

克里米亞汗國
卡法
黑海
高加索
喬治亞
裏海
葉里溫
查爾德蘭戰役
阿勒坡
賽普勒斯島
賽達
大馬士革
巴格達
麥加、麥地那
紅海
波斯灣

鄂圖曼帝國全圖（17 世紀中葉最大版圖）

出處：大塚和夫等編《岩波伊斯蘭辭典》（岩波書店，2002年）。
惟，經大幅增修

俄羅斯
喬治亞
亞美尼亞
特拉布宗
阿馬斯雅
巴什肯特戰役
西瓦斯
艾朱倫
伊朗
凹魯那斯
開瑟里
凡城
凡胡
內姆魯特山
卡赫拉曼馬拉什(馬拉什)
加濟安泰普(安泰普)
尚勒烏爾法(烏爾法)
納齊布
伊拉克
敘利亞

安那托利亞地圖（國界及國名為現況）

第一章

奧斯曼一世

——身為王朝創始人的聖戰士

奧斯曼一世肖像，佚名，推測為 19 世紀作品。

1　鄂圖曼帝國的黎明時期

關於創始人奧斯曼的歷史描述

畫中這名身穿寬鬆長袍（Kaftan）、纏著頭巾（Turban）的男子，便是鼎鼎大名的奧斯曼一世（一二九九年左右至一三二四年左右在位），人稱奧斯曼聖戰士（Osman Ghazi），同時也是存續長達六百年之久的鄂圖曼帝國創始人。

畫中，奧斯曼的右手放在腰間佩戴的刀柄上。

據說那是第三代正統哈里發——歐斯曼（'Uthmān，六四四年至六五六年在位）的隨身佩刀。在鄂圖曼帝國蘇丹即位時，代代傳承的佩刀儀式上，也會使用奧斯曼一世的佩刀。畫中奧斯曼彷彿要拔刀出鞘的身影，說不定是作者意識到這段傳統淵源而來。儘管作者及完成年分（大概是十九世紀作品）皆不詳，但這幅畫可說是充分展現了身為強大帝國建國始祖應有的威嚴姿態。

不過，筆者認為，現實中的奧斯曼並不像畫中那般端麗，更沒有身穿華麗衣裳，而是粗衣麻布，一副兇猛模樣，以首領之姿統率著一群粗野莽漢。

其實，關於奧斯曼的生平及為人，我們所知的確切史實甚少。鄂圖曼帝國的編年史是自建國超過百年以後，到了十五世紀才終於有史家執筆撰寫，且其中所描述的始祖奧斯曼已帶有濃厚的傳奇色彩。除了編年史以外，同時期幾乎沒有留下任何銘文或公文等歷史資料，因此很難根據史實勾勒鄂圖曼帝國草創歷史。

本章中，筆者將根據目前所知的有限事實，連同傳說中所刻畫的奧斯曼形象，來介紹他的生平事蹟。儘管傳說並非史實，卻充分展現鄂圖曼帝國人們對始祖奧斯曼所懷抱的印象。

奧斯曼登場前夕

首先簡單說明，十三世紀鄂圖曼帝國登場時，安那托利亞區域的局勢。安那托利亞又稱小亞細亞，位於亞洲最西端，與今日土耳其共和國國土範圍大致相符。

安那托利亞原受羅馬帝國及羅馬帝國東西分裂後的拜占庭帝國（亦稱東羅馬帝國，三九五年左右至一四五三年）統治，但穆斯林勢力的興起，威脅到羅馬權勢。七世紀，信奉先知穆罕默德（Muhammad）所創伊斯蘭教的穆斯林，轉眼間便在阿拉伯半島麥加（Mecca）擴大勢力，成功征服同樣被拜占庭帝國統治的敘利亞、伊拉克及埃及。穆斯林軍乘勝追擊，攻進安那托利亞內陸，直逼拜占庭帝國首都君士坦丁堡，但帝都終究防禦牢固，穆斯林軍節節敗退。

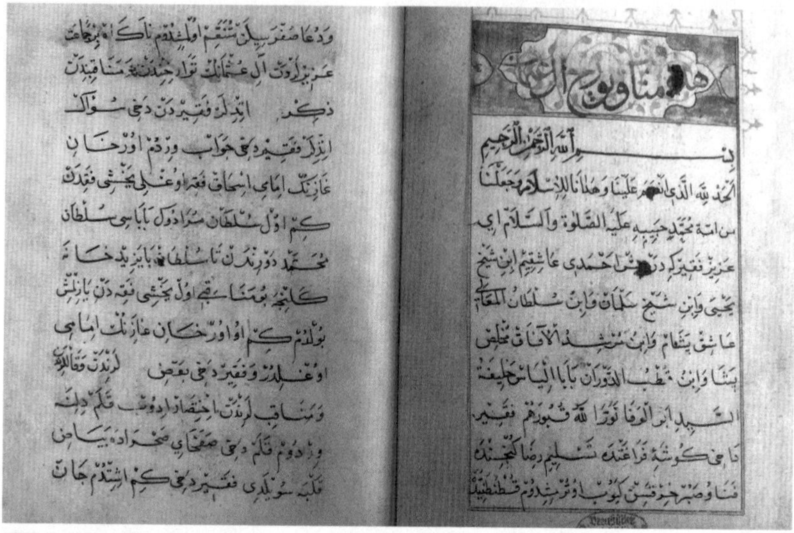

鄂圖曼帝國中最古老的編年史之一《阿許帕夏扎德史》（Āşıkpaşazāde Tārihi，15 世紀末完成）柏林抄本首頁。

一〇七一年，安那托利亞勢力版圖產生巨變。這一年，當時席捲伊斯蘭世界的突厥裔王朝——塞爾柱王朝（一〇三八至一一九四年），在安那托利亞東部大破拜占庭帝國軍隊。以這場馬拉茲吉特（Malazgirt）戰役為開端，突厥裔穆斯林正式入侵安那托利亞。後來塞爾柱王朝的旁系羅姆蘇丹國（Sultanate of Rûm，一〇七七至一三〇八年）成功占領逐漸式微的拜占庭帝國領土，於安那托利亞占地為王，並以中西部城市科尼亞（Konya）為首都，於十三世紀前半葉迎來盛世。

然而，羅姆蘇丹國的繁榮興盛，最後因蒙古軍自東方入侵而瓦解。一二四三年，蒙古軍侵入安那托利亞，大敗羅姆蘇丹國軍，將之納為蒙古屬國。於是，安那托利亞在缺乏龐大勢力統合的情勢下，小規模的突厥裔遊牧團體紛紛自立門戶，公國林立，不斷彼此角逐競爭，從此安那托利亞進入宛如群雄割據的時代。奧斯曼率領的一行人，便是在這種混亂局勢下，在安那托利亞西北角落，悄然展開行動。

奧斯曼家族如何保有正統性？

奧斯曼及他的祖先，來自何方？

鄂圖曼帝國史家口中的王室系譜，最遠可追溯至《舊約聖經》中所提，世上最早出現的人類——亞當與夏娃。因為伊斯蘭教和其他更早盛行的一神教——猶太教及基督教——擁有相同的歷史觀。

亞當與夏娃子孫滿堂、遍布各地，同時卻因自甘墮落，不再敬畏上帝，上帝因而惱怒，欲殲滅人類，只有挪亞（Noah）及其夥伴堅守信仰，打造方舟，在上帝引發的大洪水中倖存下來。洪水退去後，這些人成為地上僅存的人類。從此以後，所有人類皆為挪亞之子——閃（Sam）、含（Ham）、雅佛（Yafes）三人的後代子孫。一般認為，猶太人及阿拉伯人為閃的後裔，黑人及其他民族則為雅佛後代。

傳說中的突厥王烏古斯可汗（Oghuz Khan），即為雅佛後裔之一。烏古斯可汗實為虛構的英

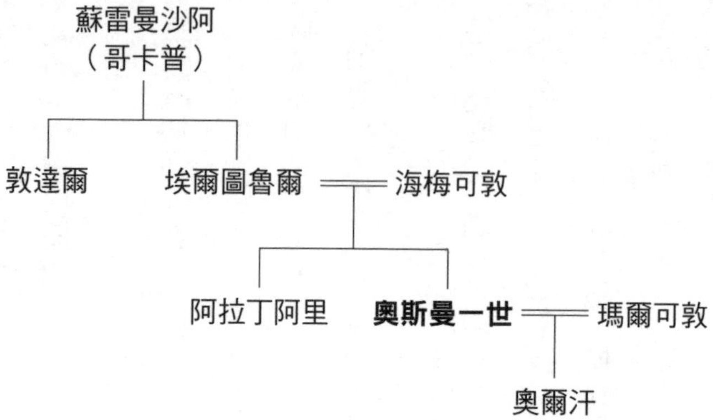

奧斯曼一世系譜。其中蘇雷曼沙阿、敦達爾、海梅可敦、阿拉丁阿里並非真實人物。

雄，並非真實人物。然而，突厥人普遍相信，烏古斯可汗征服世界各地，突厥人各氏族更是以其後世子孫之名來命名。舉例來說，一般認為塞爾柱王朝為柯奴克（Kınık）氏族出身，其名來自烏古斯可汗第六子海（Tiñiz）的第四個兒子柯奴克。

根據鄂圖曼帝國史家的說法，奧斯曼王室為喀伊（Kayı）氏族出身，其名源自烏古斯可汗長子太陽（Kun）的長子喀伊。喀伊氏一族擁有繼承突厥王的正統性，換言之，奧斯曼王室天生帶有突厥王血統。

誠如以上，從亞當、挪亞及其子雅佛，傳至烏古斯可汗到喀伊氏族，這種主張在鄂圖曼帝國歷史學者間已成定論。當然，亞當或挪亞等源自《舊約聖經》的系譜稱不上是史實，與烏古斯可汗相關的源流也談不上是事實。

豈止如此，關於奧斯曼王室是否為喀伊氏族出身這一點，也不是全然毫無疑問。在古老編年史中，奧斯曼家並非喀伊氏族，而是烏古斯可汗第三子哥卡普（Gökalp）的子孫，這意味著奧斯曼王室為喀伊氏族後裔的主張，也極有可能是後世為了強調奧斯曼王室治理的正統性所捏造。

最後，我們也只能說「奧斯曼一家來歷不明」。

2 為何會變成「奧斯曼」？

「奧斯曼」是本名嗎？

儘管不是出自名門血統，但帝國時期撰寫的歷史文件，基本上由突厥文寫成，奧斯曼團體中初期出現的人名也多半源自突厥語。由這些觀點來推敲，確實可以說他們是突厥裔出身。

這裡，筆者用了「他們的人名多半來自突厥語」的描述，若真如此，開國始祖奧斯曼的名字就略顯奇特。「奧斯曼」（ʿOsmān）如果以原本的阿拉伯文發音，應該是「歐斯曼」（ʿUthmān）。

因為用突厥語來發音「歐斯曼」，所以音變成「奧斯曼」。歐斯曼為伊斯蘭教第三代正統哈里發之名，原是阿拉伯人經常使用的名字，富有深厚的歷史淵源。剛在伊斯蘭世界邊境成立不久的突厥裔團體，其首領採用奧斯曼這個阿拉伯人名，是一件很不尋常的事。奧斯曼的父親埃爾圖魯爾（Ertu rul）及其子奧爾汗（Orhan）皆為突厥裔人名，由此看來，「奧斯曼」之名更讓人匪夷所思。

關於這一點，有人提出以下假設。

奧斯曼的名字原本為「奧圖曼」（Atman 或 Ataman）。奧圖曼為突厥名，所以突厥裔團體首領擁有這個名字，合情合理。後來當奧圖曼率領的團體發展成一個信奉伊斯蘭教的強國時，改用奧斯曼這個與奧圖曼發音相近但又更具伊斯蘭淵源的名字。

歐洲語系稱他們為「鄂圖曼」（英文為 Ottoman）的事實，強化了這個假說。西方人往往不在意名字背後的歷史，而是依照他們所聽到的發音來使用，因此對於當初人人喊為「奧圖曼」的名字，在他們耳中聽來，是略帶有腔調的「鄂圖曼」發音。儘管不知何時奧圖曼被奧斯曼所取代，西方人依然沿用「鄂圖曼」這個名詞。——這是一個很難獲得實證的假說，但似乎又足以令人折服。

男子漢就應濟弱扶傾

根據傳說，奧斯曼的祖先，世世代代為伊朗東部某個小鎮的統治者，但該地遭蒙古迫害，年年加劇，因而變得動盪不安，於是奧斯曼的祖父蘇雷曼沙阿（Süleyman Şah），率領五萬戶突厥裔遊牧人民，一同向西遷移。

然而，蘇雷曼沙阿在敘利亞城市——阿勒坡近郊橫渡幼發拉底河時，途中墜馬溺水身亡。順帶一提，一座疑似蘇雷曼沙阿的墓塚，今日依舊坐落在敘利亞北部，由於位在土耳其境外，所以該墓塚屬於土耳其的外飛地。不過後來為了興建水庫，墓塚已搬離原址。

蘇雷曼意外身亡後，同行的四名兒子有三人提議折返東方，並獲得多數同意，唯獨一人堅持繼續西行，那人便是埃爾圖魯爾。於是埃爾圖魯爾率領四百戶遊牧民，再度踏上前進安那托利亞的旅途。

奧斯曼的父親，埃爾圖魯爾。

埃爾圖魯爾進入安那托利亞一段時間後，遇到兩大軍團相爭的場面，其中一方占得優勢，勝敗幾乎底定。面對屬下「應加入優勢陣營」的提議，埃爾圖魯爾出聲打斷：「男子漢就應濟弱扶傾」，宣告協助居於劣勢一方，最終導向勝利。果不其然，前者是蒙古韃靼大軍，後者為羅姆蘇丹國蘇丹阿拉丁阿里（Alâaddin）領軍的部隊。阿拉丁阿里心懷感激，不僅表揚埃爾圖魯爾一行，並封埃爾圖魯爾為安那托利亞西北方小鎮色於特（Söğüt）領主。於是，埃爾圖魯爾以色於特為據點，臣服於羅姆蘇丹國蘇丹，參與聖戰，擴張勢力。

介於傳說與史實之間

以上傳說，來自帝國人民歷代口耳相傳流傳下來的民間故事，曾幾何時竟被編入正史之中。說書先生繪聲繪影地描述奧斯曼祖先的英雄事蹟，圍繞一旁的聽眾聚精會神聽得熱血沸騰，這番光景，想必當時隨處可見。

然而，口耳相傳的故事內容與實際情況之間有著極大的落差，相信這一點應該不難想像。王朝的崛起總會伴隨著傳奇故事，即便歷史研究人員努力從中抽絲剝繭，探求歷史真相，但現實往往不如人意，陷入苦戰。

儘管如此，人們編織傳說，總有他的心思，雖然內容虛構，但也有部分研究並未就此棄之不顧，而是嘗試深入進行學術分析。舉例來說，一般以為奧斯曼的祖父名為「蘇雷曼沙阿」，但經考察古老編年史內容，發現奧斯曼的祖父其實叫「哥卡普」。蘇雷曼沙阿是羅姆蘇丹國某一任蘇丹，據悉大概是有一天，人們在話語間將蘇雷曼沙阿與奧斯曼的祖父混為一談而就此傳開。此外，羅姆蘇丹國實際上為蒙古的手下敗將，淪為屬國，因此前者打敗後者的戰勝故事，大概是為了掩飾敗北事實所編造。況且，羅姆蘇丹國撰寫的編年史中，絲毫未提及奧斯曼，因此傳說中描繪奧斯曼眾人的「事蹟」，顯然是加油添醋後的產物。

弒叔行動開啟子承父業的慣例

有人說，埃爾圖魯爾九十三歲死後，由子奧斯曼繼承其位。

奧斯曼生母不詳。色於特雖有一座號稱是奧斯曼母「海梅可敦」（Hayme Hatun）的墓塚，但那其實是十九世紀末整頓色於特市容時所新設。再者，古老編年史上，從未出現過「海梅」這號人物。這或許是因為堂堂的建國之父，生母不詳有失體面，所以到了近代，後人編撰而成。

奧斯曼的即位，過程並不順利。埃爾圖魯爾死後，眾人對由誰勝任首領一事議論紛紛，有人推崇其子奧斯曼，有人力薦埃爾圖魯爾的兄弟（亦即奧斯曼的叔父）敦達爾（Dündar）。

細看奧斯曼王室系譜，帝國前期一律以父傳子的方式傳承帝位，亦即「子承父業」的原則，貫徹前朝。然而，突厥裔遊牧民族原本並不存在這類原則。在突厥裔遊牧民族中，對於如何遴選首領的繼承者，並無明確的傳統，首領死去後，可能由他的兄弟繼承，亦可能是子承父業。當下實力最堅且受族人擁護者，便是下一任首領。換言之，那是一個實力為王的世界。

最後，敦達爾察覺奧斯曼支持者眾多，於是拱擁姪子即位，宣示效忠。

從那以後，敦達爾曾有一段時間，作為奧斯曼團體的核心人物，參與了各種突襲行動。然而，某次當奧斯曼企圖攻占基督教徒管轄下的城鎮時，敦達爾提出反對意見，他主張：「眼下我們有南方格爾米揚公國（Germiyanids，與奧斯曼團體同樣由突厥裔穆斯林建立）這個敵人，此時與基督教徒起衝突，絕非明智之舉。」奧斯曼對敦達爾的阻撓大感不快，視為絆腳石，因而伺機放箭，射殺對方。

只因意見相左，便殺害親信叔父，實在凶狠。這背後肯定涉及叔姪之間，為了爭奪奧斯曼團體領導地位所結下的恩怨。有研究學者認為，這段軼事極有可能是根據真實事件改編，而這起事件，成為後來子承父業的開端，自建國開始一直延續至十七世紀初。

關於建國始末，有多種說法

奧斯曼成為首領後，多次討伐安那托利亞西北，逐漸擴大勢力。在這段過程中，奧斯曼率領的團體，從一群純粹粗野蠻人的集合體，慢慢建立起一國應有的格局。經由上述發展，奧斯曼終於在自己治理的土地上宣布成為獨立政權。不過關於這中間始末，有幾種說法。

某部編年史這般寫道——

奧斯曼領導的團體，高舉羅姆蘇丹國旗幟，多次發動聖戰。羅姆蘇丹國的蘇丹阿拉丁阿里，亦對奧斯曼的戰功極為滿意，贈與大鼓、旗幟、馬匹、刀劍等兵器。據說，奧斯曼曾在禮拜鼓聲響起時，起身向阿拉丁阿里表達敬意，後來這個習慣一直持續到鄂圖曼帝國第七代蘇丹梅赫梅德二世時期。

阿拉丁阿里膝下無子，將奧斯曼視如己出，青睞有加，奧斯曼亦自詡為阿拉丁阿里的繼承人。果不其然，阿拉丁阿里駕崩後，奧斯曼在其領地上命人以自己的名義誦詠呼圖白（khu bah）。呼圖白是週五禮拜上宣揚教義的演講，對穆斯林而言十分重要。在呼圖白中會誦讀當地統治者的名諱，換言之，這意味著奧斯曼建立了獨立國家。

關於奧斯曼的獨立，且容筆者介紹另一本編年史的記述。

奧斯曼征服某座城鎮後，認為當下正是獨立時機，故下令麾下的伊斯蘭法官（Qadi）以己之名誦詠呼圖白。該名伊斯蘭法官驚惶失措，以「這需要羅姆蘇丹國的蘇丹許可」為由推拒，奧斯曼大發雷霆：「這是我親自揮劍奪得的城鎮，為何需要蘇丹許可！」最後法官屈服，眾人亦認同奧斯曼所言，於是以奧斯曼之名宣講呼圖白，奧斯曼就此獨立。

上述兩則紀錄，其中一篇是奧斯曼效忠羅姆蘇丹國，以身為其繼承者的身分獨立；另一篇則

據傳為第三代正統哈里發歐斯曼的寶劍（托卡比皇宮收藏）

是奧斯曼不承認羅姆蘇丹國的權威，強行宣布獨立。換句話說，世間流傳著兩種截然不同的說法。這或許可以解釋成：前者將奧斯曼美化，後者則意外地洩漏了當事人的真心話。後世的鄂圖曼帝國史家大多主要採用前者的簡化版本，也就是偏好「鄂圖曼帝國並非篡位者，而是安那托利亞正統且合法的統治者」的歷史觀點。

建國年分

總之，奧斯曼獨立，建立鄂圖曼帝國——這時還稱不上是帝國規模，但求方便，筆者暫以此名稱呼。

但是，還有一個疑問：奧斯曼究竟在哪一年獨立？

鄂圖曼帝國的歷史書籍通常以西元一二九九年為帝國建國元年，這一年在伊斯蘭曆為六九九年，不可思議的是，在兩部曆法中，時序都落在世紀末。部分古老編年史將獨立界定在一二九〇年左右，但一二九九年的說法已在不知不覺間成為主流。

為何一二九九年一說會成為主流？關於這個問題，很難給予一個明確答案，但筆者想藉此機會提出一個假設。伊斯蘭教《聖訓》（Ḥadīth，先知穆罕默德的言行錄，地位僅次於《古蘭經》的第二聖典）中提及：「世紀轉移之際，將現宗教改革者（Mujaddid）」。關於「宗教改革者」的具體人物，眾說紛紜，總之帝國史家認為奧斯曼一世是其中一人。奧斯曼如果是改革宗教者，那麼他的崛起就必須落在世紀之交，也因此建國年分才會被設定在伊斯蘭曆六九九年。

另外，在同一時期的歷史資料中，奧斯曼及其朋黨第一次留下紀錄是在一三〇二年。根據拜占庭帝國史家記述，奧斯曼軍在這一年大敗拜占庭帝國軍。研究鄂圖曼帝國歷史的土耳其史學大家哈利勒·伊納爾賈克（Halil nalcık）以此作為鄂圖曼帝國的建國年分，也算是一種看法。

3 奧斯曼參與的「聖戰」真相

像奧德賽一樣驍勇善戰

根據傳說，奧斯曼致力討伐異教徒（大多指基督教徒），參與伊斯蘭教「聖戰」（ġazā），因此漸漸地於後世贏得「聖戰士」（ġāzī）的稱號。

以下介紹一篇古老編年史中，關於奧斯曼參與聖戰的描述。

某座城鎮的異教徒與奧斯曼長年維持友好關係，時常互贈禮品，鎮上如有喜宴，一定會宴請奧斯曼。奧斯曼一行人維持遊牧民的習慣，冬居溫暖低地，夏遷涼爽高地。暫居高地期間，他們會將閒置的行李，請山腳下的異教徒居民代為保管。

然而就在某一天，奧斯曼決意要征服那座城鎮。後來異教徒再度邀請奧斯曼出席婚宴，奧斯曼提議：「我們實在不習慣室內空間狹隘的宴會，這次要不要在城外舉辦？」異教徒也欣然接受。

城外舉行婚宴當天，奧斯曼派遣背負婚宴賀禮的牛隊前往鎮上，然而牛隻所背負的行李並非賀禮，而是奧斯曼的手下戰士。當城門開啟的瞬間，奧斯曼戰士紛紛掀開掩飾的毛毯，砍殺門衛，直闖攻城。由於大多數的異教徒正在城外參加婚宴，因此這幫人不費吹灰之力便攻下城鎮。

從這個故事我們可以明確看出，奧斯曼並不像人們從「聖戰士」這個稱號所想像那般——是個身負伊斯蘭教大義、捨身為神聖而戰的人物。其中所描繪的人物形象，不是堂堂正正率領大軍與敵交戰，而是運用戰術（或可稱之為「使詐」），透過突襲贏得勝利。當然，聽到故事的人們，並不會認為運用戰術是件可恥行為，而是如同希臘神話英雄奧德賽（Odysseus）策畫「特洛伊木馬」一般，傳說故事中的英雄總是能巧用奇計，智取獲勝。

要如何解釋奧斯曼與基督教徒之間的關係，也不是那麼容易的事。因故事需求，異教徒被塑造成敵人，但前半段的故事情節，卻是奧斯曼與異教徒之間的友好關係。如後文所述，奧斯曼與基督教徒戰士締結友誼，卻與鄰近同為穆斯林的突厥裔公國紛爭不斷。此外，當時在安那托利亞擁有強大勢力的伊斯蘭神秘主義教團，對突厥人有極大的影響，其中不少人對基督教徒一視同仁，誠心接納。對當時的突厥人來說，基督教與伊斯蘭教同為一神教，兩者間的區別相當模糊。

唯一可以肯定的是，當時的安那托利亞是一個無法套用「穆斯林對抗基督教徒」或「穆斯林與基督教徒共存」這種單一關係來解釋，這裡屬於敵我交錯、混沌不清的世界。

不懂稅金的奧斯曼

奧斯曼是名有才幹的軍事家，不過有則軼事提及他在行政方面的反應，十分耐人尋味。

奧斯曼征服了一座名為卡拉加希薩（Karacahisar）的城市。城中市集有課稅規範，按件徵收兩枚銀幣的稅金。新來乍到，奧斯曼問身旁的人：「什麼是稅金？」了解稅金定義後，他勃然大怒：「竟然不勞而獲！」然而旁人再三勸解：「這是他們的習慣，」奧斯曼才同意徵收稅金，但條件是必須恪守法律。

這則故事看似在表達奧斯曼愚昧無知。對以掠奪為宗的奧斯曼朋黨來說，藉由稅金得取利益，兩者確實是截然不同的性質。然而，這段故事同時也在暗示，奧斯曼不在意錢財的清貧寡欲及不拘小節，但嚴格執法，要求眾人嚴守法紀等美德。傳頌這段軼事的人們，或許是藉由奧斯曼的事蹟，轉述他們希望公正課稅的願望。

基督教徒戰士米卡爾

不斷反覆掠奪的行為雖與「聖戰」僅有一線之隔，卻是奧斯曼逐漸擴大勢力的墊腳石。當然，奧斯曼再有能力，單憑一己之力，也難以奠定其後長達六百年的帝國基石。擁有盟友的支持，才造就了他的豐功偉業。在此介紹奧斯曼兩名重要的盟友。

其中一人是米卡爾（Köse Mihal）——意思是「沒有鬍子的米卡爾」（Michael the Beardless）。米卡爾的名字取自大天使米迦勒（Michael），人如其名，他曾經是一名基督教徒戰士。當時安那托利亞曾有一群名為邊防軍（Akritai）的基督教徒戰士，替拜占庭帝國戍守邊境，但自從拜占庭帝國沒落後，他們便成了獨立的戰士團體，四處活動。

米卡爾似乎亦曾是邊防軍一員。他原為安那托利亞西北方哈曼卡亞（Harmankaya）村領主，不知自何時開始，與奧斯曼意氣相投，成為一同掠奪的夥伴。米卡爾在戰場上的表現是自不待言，此外他亦擅長蒐羅情報，並且成為奧斯曼與基督教徒雙方溝通的管道。對身為基督教徒的米卡爾而言，這些作為想必是得心應手，他的協助對於奧斯曼擴大勢力必定有極大的貢獻。米卡爾在與奧斯曼一同行動的某個階段改信伊斯蘭教，但確切時期並不清楚。據說米卡爾改宗後，同時將名字改為「阿布杜拉・米卡爾」（Abdullah Mihal）。

在那之後，米卡爾一族橫渡巴爾幹半島，受封領地，成為當地豪族，在對抗基督教諸國時，擔當前鋒（akyndji）部隊。舉例來說，一四六二年米卡爾後代子孫米哈爾奧盧・阿里貝伊（Gazı Alauddin Mihalo lu Ali Bey），擊潰人人畏懼的「穿刺公」（Kazıklı Voyvoda）瓦拉幾亞公弗拉德三世（Vlad III）大軍，將其驅趕至外西凡尼亞（Transylvania）。鄂圖曼帝國在一五一四年的查爾德蘭戰役（Battle of Chaldiran）中打敗崛起於伊朗的薩法維朝（Safavid，一五〇一至一七三六年），米卡爾家族亦有人以司令官身分參與其中。隨著鄂圖曼帝國勢力擴大，豪族出動的機會漸減，不過米卡爾一族依舊存續至近代。

奧斯曼的精神導師：艾德巴利

若說米卡爾是奧斯曼在軍事上的支柱，那麼在精神面及行政面支援奧斯曼的人物，便是謝赫艾德巴利（Sheikh Edebali；「謝赫」是對五十歲以上男子的尊稱）。

艾德巴利在卡拉曼地方（羅姆蘇丹國的文化重鎮，亦是安那托利亞文化最發達地區）接受宗教學者（ulamā，或稱伊斯蘭學者）的相關教育，曾經為了求學，遊學於敘利亞首都大馬士革。返回安那托利亞後，他在西北城鎮（比來及克〔Bilecik〕）開設伊斯蘭神秘主義修行場，以導師身分深得該地人民敬仰，成為當地有力人士。

據傳，奧斯曼聽聞艾德巴利的風評後，即刻登門造訪，拜於艾德巴利門下，學習伊斯蘭教教誨。奧斯曼住在艾德巴利府邸，某個晚上他做了一個怪夢，夢見艾德巴利的胸口浮出一個月亮，鑽入奧斯曼胸口，從他的體內長出巨樹，籠罩整個世界。奧斯曼醒後，將夢境告訴艾德巴利。艾德巴利察覺這個夢預言奧斯曼將成為帝王，遂將女兒瑪爾可敦（Malhun Hatun）許配給奧斯曼。

雖然這則故事相當有名，但是真是假，仍有疑點。奧斯曼的妻子確實是瑪爾可敦，但瑪爾可敦的父親是奧馬爾貝伊（Ömer Bey），而非傳說故事裡的艾德巴利。

姑且不論軼事的可信度，可以肯定的是，艾德巴利身為宗教名士，不惜動員手中的宗教網絡資源，全力支援一心尚武的奧斯曼。艾德巴利門下精通伊斯蘭法（Sharīʿah）的宗教學者人才濟濟，提供奧斯曼統治地方所需人才。第二代蘇丹奧爾汗（一三二四年左右至一三六二年在位）時期以降，百年來大宰相輩出的錢達爾勒一族（Çandarlı），據說也是艾德巴利的相關人士（但歷史證據似乎不足）。

奧斯曼之死——從傳說到歷史

奧斯曼邁入晚年後，由其子奧爾汗執掌軍事行動。一三二四年前後，奧斯曼逝世於色於特，據傳享年六十九歲，但想當然耳，這並非正確年齡。傳聞艾德巴利及其女兒猶如追隨奧斯曼腳步一般，先後離世。

奧斯曼駕崩時，奧爾汗正帶兵攻打拜占庭帝國重要地方城市布爾沙（Bursa）。奧爾汗接獲奧斯曼去世消息後，即刻放棄攻堅，趕回奧斯曼身旁。奧斯曼留給奧爾汗的其中幾條遺言說道：一，將自己埋葬在布爾沙；二，遵循伊斯蘭法統治；三，照護追隨者，竭盡所能善待禮遇。

謠傳奧斯曼留下兩個兒子——奧爾汗及阿拉丁阿里。奧爾汗力勸阿拉丁阿里即位，但後者自願下鄉當領主，將王位讓給奧爾汗。亦傳阿拉丁阿里最後以宰相之姿，成為奧爾汗的心腹。

然而，奧爾汗時期編寫的宗教捐獻（Vakıf）文書（鄂圖曼帝國流傳至今最古老的公文之一）中，記載了奧斯曼之子奧爾汗、喬邦（Çoban）、梅利克（Melik）、哈密德（Hamid）、帕扎魯（Pazarlu）等五人及女兒法蒂瑪（Fatma）的名字，其中並無阿拉丁阿里之名。針對這部分，有人稱「帕扎魯」即阿拉丁阿里，亦有人解釋因為阿拉丁阿里離開奧爾汗，所以未能在文書中留名。但是，阿拉丁阿里從一開始就是一個虛設人物，他與奧爾汗之間的兄友弟恭，實是為了掩飾（或批判）後來誅殺手足成為奧斯曼王室盛行風氣，不知何時被人穿鑿附會而創作出來的故事，這番解釋反而更合乎情理。

總而言之，奧斯曼的繼承人為奧爾汗。奧爾汗於一三二六年再次攻打布爾沙，在此設立鄂圖曼帝國首都，並按奧斯曼遺言將其遺骸遷至布爾沙，埋葬在「銀圓頂」（Gümü lü Kümbet）修道院。該棟建築物在一八五五年因地震而坍塌，一八六三年由當時的蘇丹阿布杜勒阿濟茲（Abdülaziz）下令重新修建，現在我們在布爾沙參觀的奧斯曼陵墓，便是當時重建之物。

奧爾汗在位長達四十年，這段期間他不僅介入拜占庭帝國王位繼承之爭，還首度侵入巴爾幹半島，大幅擴展鄂圖曼帝國勢力。國內制度漸趨完善，亦是在奧爾汗時期完成。人人讚頌宛若英雄傳說般的奧斯曼時代已然過去，鄂圖曼帝國歷史開始從奧爾汗時代編織下去。

第二章

梅赫梅德二世

——興建帝國的征服者

梅赫梅德二世肖像，詹提勒 ・ 貝里尼畫，1480 年作品。

1 「誅殺手足」——長達一百五十年的習俗

威尼斯畫家筆下的征服者肖像

英國國家美術館（倫敦）。

美術館牆面上掛滿歐洲王公貴族的肖像畫，使得這幅頭頂纏繞頭巾的人物肖像獨樹一幟。

肖像人物為梅赫梅德二世（一四四四至一四四六年、一四五一至一四八一年在位），人稱征服者的鄂圖曼帝國第七代蘇丹。他，正是將這個國家塑造成符合「帝國」真諦的鄂圖曼帝國最著名君主之一。

這幅肖像畫出自威尼斯畫家詹提勒・貝里尼（Gentile Bellini）之手。貝里尼一族為繪畫世家，父親及兄弟皆為知名畫家，詹提勒更是引領威尼斯文藝復興時期藝術的人物之一。鄂圖曼帝國與威尼斯長年抗爭結束後，一四七九年詹提勒接受梅赫梅德二世招聘，拜訪帝都伊斯坦堡。梅赫梅德無懼伊斯蘭教忌諱崇拜偶像的規定，要求這名異教徒畫家描繪多幅油畫。這幅出自詹提勒的梅赫梅德二世肖像，為一四八〇年作品。

過沒多久，梅赫梅德二世於一四八一年去世，由其子巴耶濟德二世（一四八一至一五一二年在位）繼位。巴耶濟德二世將先父的收藏品盡數賣給西方人士，想必對於熱衷伊斯蘭神秘主義的巴耶濟德來說，先父對於西方的愛好，始終是個無法理解的世界。這幅畫由威尼斯收藏家所收藏，之後由曾經長期居留鄂圖曼帝國的英國考古學者奧斯丁・亨利・萊亞德（Austen Henry Layard）於一八六五年購入。萊亞德死後，其妻贈予英國國家美術館。

這幅現有的畫作，可能是在輾轉多次的旅途中損傷的緣故，歷經多次修復，至少貝里尼本人的筆跡看上去已消磨殆盡。不過，一般認為梅赫梅德二世的臉型並沒有太大變化。

畫中的梅赫梅德，臉長白皙，鼻梁高挺，搭配突出的下顎，給人機伶中帶有纖細的氣質。奧斯曼王室的原始出身為突厥裔，不過君主生母大多是非突厥裔，大概是塞爾維亞人或希臘人。如此說來，梅赫梅德的風貌可說是體現了在安那托利亞與巴爾幹、穆斯林與基督教徒混合中誕生的帝王樣貌。

大約四百年後，蘇丹阿布杜勒哈密德二世（Abdülhamid II，一八七六至一九〇九年在位）看到根據這幅畫繪製而成的梅赫梅德二世像時，曾經讚嘆先人的容貌與後代子孫的自己竟是如此相似。雖然這個軼聞太過完美，但無庸置疑的是，奧斯曼王室後代成員時時強烈意識到梅赫梅德二世的存在。

鄂圖曼帝國人民尊稱「征服者」（fatih，亦譯「法提赫」）的梅赫梅德二世，到了歐洲人口中成為「第二路西法」或「毒龍」而戒慎恐懼，這樣的梅赫梅德二世又是什麼樣的人物？

生母是誰？

鄂圖曼帝國自奧斯曼一世建國起，便不斷向東西擴大版圖，尤其第四代君主巴耶濟德一世（一三八九至一四〇二年在位）打敗歐洲十字軍，是個人稱「閃電王」（Yıldırım）的英豪。

然而，在一四〇二年安卡拉之戰中，巴耶濟德一世敗給自認是成吉思汗繼承人的帖木兒，使得帝國崩潰，瀕臨滅亡危機，最後是巴耶濟德一世之子梅赫梅德一世（一四一三至一四二一年在位）重整帝國。後繼的穆拉德二世（一四二一至一四四四年、一四四六至一四五一年在位）同樣是名賢能的君主，在他的時代，帝國幾乎成功收復巴耶濟德一世時期的舊有疆域。

一四三二年三月三十日，梅赫梅德二世於當時的首都愛第尼（Edirne）出生，成為穆拉德二世的王子。

關於梅赫梅德二世的生母，有兩種說法。

第一種說法是，梅赫梅德生母為一四三五年與穆拉德二世政治聯姻的塞爾維亞公主瑪拉・布蘭科維奇（Mara Brankovi ）。

有歷史文獻顯示梅赫梅德二世稱瑪拉公主為「母后」，因此該說法獲有強烈支持。然而，瑪拉結婚那一年梅赫梅德早已出生，所以很明顯地，她不會是梅赫梅德的生母。瑪拉大約十六歲出嫁，據說是公認的美女，但亦有傳聞穆拉德無意與她傳宗接代。

雖非生母，但梅赫梅德從小便與瑪拉十分親近。梅赫梅德喚瑪拉「母后」，大概是出自他對這位繼母的情深意重，甚至有謠傳說，梅赫梅德會決心攻打君士坦丁堡，是因為小時候瑪拉讓他看這座城市的地圖所致。梅赫梅德即位後，瑪拉便隱居故鄉，但兩人間的交流從未間斷，她甚至曾經在塞爾維亞與威尼斯的外交上，扮演仲介角色。

其實，梅赫梅德的生母名為呼瑪可敦（Hüma Hatun）。她的身分，大概是一名女奴，因為名字「呼瑪」（Hüma）意指居住在天堂裡的鳥兒，「可敦」（Hatun）則是對女子的敬稱，這個名字常用在奴隸身上。她的父親應該是基督教徒的事實，也加強了這個假設。

在伊斯蘭世界，王朝君主時常挑選女奴替自己生兒育女。在伊斯蘭法中，奴隸保有一定權利，不論是嫡子，還是奴隸之子，都擁有對等的權利（參照六十八頁），加上奴隸沒有親族等後盾，具有可以排除外戚介入國政可能的好處。因此，對奧斯曼王室來說，生母為奴隸出身，並不是缺陷，反而是種優勢。

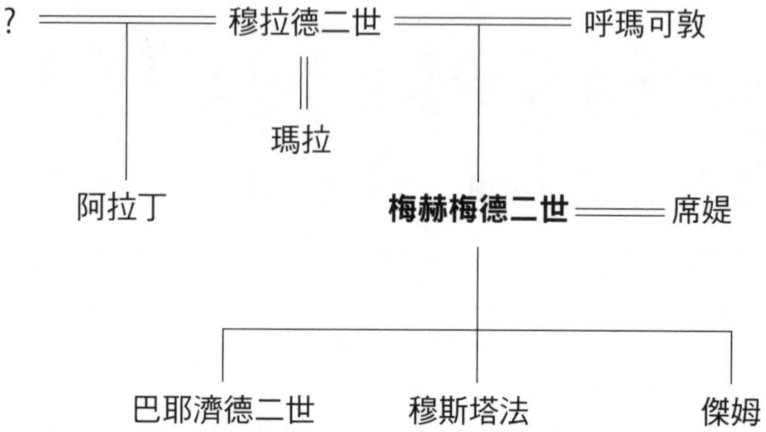

梅赫梅德二世系譜

關於梅赫梅德生母呼瑪的生平，我們所知甚少，在稍晚的歷史資料中，曾出現她是法國人或義大利人的相關描述，也有人說鄂圖曼帝國日後會與法國結盟，提供法國貿易特權的協定條約（Capitulation），正是因為奧斯曼王室中有法國血統。然而這個說法毫無根據，不過是個不負責任的謠言罷了。

呼瑪的墓塚在一四四九年建於帝國舊都布爾沙，這表示她似乎沒等到梅赫梅德正式即位，便撒手人寰。梅赫梅德會與繼母瑪拉那般親近，興許是生母早逝的緣故。

師承知名伊斯蘭學者

年幼的梅赫梅德，似乎是個不聽教誨、任性妄為的王子。穆拉德蘇丹指派眾多老師，但面對梅赫梅德任性的脾氣，個個束手無策，相繼辭去。

徹底改變梅赫梅德之人，是當時頂尖伊斯蘭學者摩拉・古拉尼（Molla Gürânî）。古拉尼原任教於布爾沙伊斯蘭經學院（Madrasa），對王子十分嚴厲。據說，古拉尼曾手執穆拉德二世賜予的手杖，對梅赫梅德直言不諱：「殿下如不服從老夫教誨，我將會用這把帝王所賜手杖，抽打殿下。」一面對古拉尼如此嚴格的老師，梅赫梅德終於習得帝王之學。

梅赫梅德即位後，欲指派昔日恩師擔任宰相，但古拉尼堅稱：「陛下應從麾下軍人或政治家中遴選適任之人，老夫任職宰相，只會擾亂秩序。」毅然辭退，但以伊斯蘭學者的身分，歷任法官，協助梅赫梅德治理大業。

梅赫梅德並非只學習伊斯蘭的學問，據說他不僅精通突厥語，希臘文及塞爾維亞文亦相當流利。梅赫梅德會對歐洲語言及文化產生興趣，想必是受前述繼母瑪拉的影響。

任用原基督教徒的奴隸

順利長大成人的梅赫梅德，於一四四三年擔任安那托利亞西部要塞馬尼薩（Manisa）太守。根據習俗，這個時代的王子長大後會離開宮廷，任職地方太守，並且在就任地建立類似「迷你宮廷」的組織，累積治理經驗。

梅赫梅德王子身旁，聚集了許多扎加諾斯帕夏（Zağanos Paşa）等原為基督教徒的改宗者，他們的身分為奴隸。這些奴隸身分的家臣，通稱「蘇丹僕人」（Kapıkulu）。迄今，鄂圖曼帝國的重臣大多如梅赫梅德二世剛登基時的大宰相錢達爾勒・哈利勒帕夏（Çandarlı Halil Paşa）一般，為自由身分的穆斯林名士居多。然而，自梅赫梅德二世時期以降，這些「蘇丹僕人」便以更效忠帝王的忠臣姿態迅速崛起。

其實，梅赫梅德有一個同父異母的兄弟阿拉丁（Alâaddin），當時任阿馬斯雅（Amasya）太守一職。穆拉德二世原欲立阿拉丁為儲君，但阿拉丁被人謀害，下手之人乃阿拉丁的心腹。有人說他是受爭奪王位的弟弟——也就是梅赫梅德——指使而行凶，但這只是外界猜測。

穆拉德二世失去最心愛的王子，悲嘆不已，於一四四四年將王位讓與梅赫梅德，隱居避世，此乃鄂圖曼帝國史上首開先例的生前退位。穆拉德退位前，與鄰邦諸國締結和平約定，準備周全。然而，梅赫梅德登基時年僅十二歲，他的第一次任期並沒有持續太久。穆拉德退位後，匈牙利及瓦拉幾亞見機不可失，因此打破和平、出兵進攻。於是，一四四六年，穆拉德復位。

梅赫梅德退下王位後，重返馬尼薩太守一職。五年後，帝都傳來蘇丹訃聞。一四五一年，隨著穆拉德二世駕崩，梅赫梅德返回首都愛第尼，二度登基。梅赫梅德即位後，第一道指令是下旨處死在其登基前甫出世不久、尚在襁褓中的弟弟艾哈邁德（Ahmed）。從此，這種避免王位爭奪、斬草除根的「誅殺手足」作法，成為奧斯曼家的「家傳」，流傳長達一百五十年。

2 圍攻君士坦丁堡與「帝國」崛起

中世紀的結束——征服君士坦丁堡

梅赫梅德即位後不久，即刻展開眾多蘇丹至今都未能完成的大業——圍攻君士坦丁堡。

昔稱拜占庭城（Byzantium）的這座名都，於四世紀取自羅馬皇帝君士坦丁一世（Constantinus I，三〇六至三三七年在位）之名，改名為君士坦丁堡，發展成凌駕羅馬的大城市，並在西羅馬帝國滅亡後，持續作為東羅馬帝國即拜占庭帝國的首都，延續繁華景象。

即便拜占庭帝國失去繁榮，淪為一個統治博斯普魯斯海峽（Bosphorus Strait）一隅的小國，依舊是守護君士坦丁堡的三大壁壘，依舊替拜占庭抵擋多次圍攻。冠上五世紀皇帝狄奧多西二世（Theodosius II，四〇八至四五〇年在位）之名的城牆，擁有規模最龐大的內牆，厚寬五公尺，高十二公尺，九十六座高塔，大概是當時世上最堅固的防禦。

君士坦丁堡的大壁壘

到目前為止，鄂圖曼帝國也曾多次圍攻這座城市，但屢屢失敗，因此自穆拉德二世時期起便執掌國政的大宰相錢達爾勒・哈利勒帕夏，反對梅赫梅德二世出兵君士坦丁堡，勸戒蘇丹應接受拜占庭帝國納貢，維持長久以來的關係。然而，年少無所畏懼的梅赫梅德二世，無意聽從老臣諫言。

梅赫梅德在進攻之前，做足了萬全準備。首先，他於博斯普魯斯海峽興建要塞，控制黑海方面的航運交通；接著聘請匈牙利人技師烏爾班（Orbam）製造巨砲。由於巨砲過於龐大，填補彈藥十分耗費時間，所以那震耳欲聾的砲聲，一天只能鳴響七次，然而砲口直徑長六十公分，一次可擊出重達五百公斤的火藥。烏爾班自詡「連巴比倫城牆，亦可攻破」的這座巨砲，果然是攻陷大壁壘的最後王牌。

打動十萬人心的帝王演說

鄂圖曼軍隊號稱出動十萬大軍。出征前，梅赫梅德對著眾多將領，發表長篇演說，最後以底下這句話總結。

「即便一死，我們也要一舉攻下這座城市，直到攻破城門，入主為王。」

當時，君士坦丁堡衰微嚴重，人口不及五萬人。眾人滿心期待西歐正式派兵救援，卻不見一兵一卒。——即使同為基督教徒，拜占庭帝國信奉正教，西歐信奉天主教，兩者間存在很深的嫌隙。

儘管雙方戰力懸殊，鄂圖曼依舊陷入長期苦戰。拜占庭軍頑強抗戰近二個月，終於在五月二十九日，大砲擊破城牆，新軍（Janissaries，參照九七頁）攻入城內。失去城牆保衛的拜占庭軍，已無勝算。

於是，君士坦丁堡，淪陷。

拜占庭的末代皇帝君士坦丁十一世下落不明，有人說他在戰鬥中不知去向，也有人說他被埋葬在金角灣附近、後來改為清真寺的聖狄奧多西雅（Saint Theodosia）教堂（現玫瑰清真寺〔Gül Mosque〕）。

聖索菲亞清真寺

君士坦丁堡被征服後，人們漸漸習慣用「伊斯坦堡」來稱呼這座城市，並隨之逐漸發展成伊斯蘭帝國的首都。君士坦丁堡的象徵——聖索菲亞大教堂，被挪用為聖索菲亞清真寺（參照一〇五頁），並在半島尖端設有昔日祭祀希臘諸神的衛城（Acropolis）神殿的山丘上，興建托卡比皇宮。從此，托卡比皇宮成為帝國樞要，直到十九世紀中多瑪巴切皇宮（Dolmabahce Palace）落成。

征服君士坦丁堡後，鄂圖曼帝國在梅赫梅德二世的統治下，發展中央集權，整頓國家制度，奠定未來基石，成為一個真正足以冠上「帝國」之名的國家。

這場征服，更是反映另一個重要象徵的歷史事件。

在傳統歷史區分中，人類歷史大致分成三大時期：以希臘羅馬為代表的古典時期，羅馬分裂後成立封建制度的中世紀，以及歷經文藝復興及宗教革命的近代。這種以西歐主義史觀劃分歷史的區隔，並不適合套用在歐洲以外的地區，因此長期受到批判，但作為理解歷史主要趨勢的粗略框架，仍不失其參考價值。

在上述區分中，對於該以哪個事件作為中世紀結尾，意見分歧，其中十七世紀德裔學者克利斯托夫・色拉芮士（Christoph Cellarius）首先提出的拜占庭帝國滅亡論，是目前最有力的說法。換言之，埋葬「羅馬」，終結中世紀者，正是梅赫梅德二世。

征服者的各大競爭對手

梅赫梅德二世攻下君士坦丁堡後，贏得「征服者」的威名，並且在那之後持續擴展軍事版圖，樂此不疲。實際上，這位蘇丹在他長達三十年的統治期間，幾乎都在戰場上度過。與此同時，鄂圖曼帝國周邊諸國，亦是留名青史的名君名將輩出，抵禦梅赫梅德的進攻。以下簡述梅赫梅德與他們之間的奮戰過程。

匈雅提・亞諾什（Hunyadi Janos，一四〇七年左右至一四五六年）——匈牙利名將，外西凡尼亞總督。

匈雅提多次力克侵略匈牙利的穆拉德二世，因而在基督教世界聲名大噪。一四五六年，梅赫梅德二世圍攻匈雅提固守的貝爾格勒（Belgrade），匈雅提頑強抵抗，歷經五小時激戰，前者負傷撤軍。然而，匈雅提也在鄂圖曼軍撤退後不久，染上疫病而亡。

貝爾格勒在半個多世紀以後的一五二一年，被蘇雷曼一世所征服，之後被冠以「聖戰之家」（Dar al Jihad）的名號，成為鄂圖曼帝國進攻歐洲的據點。

弗拉德三世（一四三一至一四七六年）——人稱瓦拉幾亞穿刺公。

瓦拉幾亞公德古（Vlad Dracul）之子。在穆拉德二世時期，與弟弟拉度（Radu）一同以人質身分被帶入奧斯曼宮廷，並在此長大成人。

父親德古死後，奧斯曼宮廷命弗拉德擔任瓦拉幾亞公。然而，被視為傀儡的弗拉德舉兵奮力反抗鄂圖曼帝國，鄂圖曼軍攻入瓦拉幾亞，弗拉德運用奇襲打亂鄂軍步調，並以長槍穿刺俘虜，殺一儆百，果敢抗戰。弗拉德承襲先父德古之名，人稱「德古拉」（Dracula），後因此番奮戰英姿，獲得另一個稱號——「穿刺公」。

然而，弗拉德無法統合瓦拉幾亞貴族，一四六二年遭鄂圖曼帝國重新派來的傀儡拉度驅趕出國（此時大展身手的，正是前章所提米卡爾的後代子孫。參照三七頁），亡命於匈牙利，慘遭軟禁。弗拉德雖於一四七六年再次奪回瓦拉幾亞公的寶座，仍於同年戰死於鄂圖曼帝國的沙場上。

斯坎德培（Skanderbeg，一四〇五至一四六八年）——阿爾巴尼亞英雄。

斯坎德培本名喬治・卡斯特里奧蒂（Gjergj Kastrioti），身為阿爾巴尼亞貴族子弟，與弗拉德同樣成長於穆拉德二世時期的奧斯曼宮廷，改信伊斯蘭教，並以鄂圖曼帝國將領嶄露頭角，後因其勇猛果敢猶如亞歷山大大帝，因而奪得波斯人稱捍衛者或戰士的「Sikandar」之名，改名為斯坎德培。然而，一四四三年，斯坎德培伺機離開帝國軍隊，以基督教徒身分，在故鄉阿爾巴尼亞建立獨立勢力。

此後，斯坎德培善用阿爾巴尼亞險峻地形，與鄂圖曼帝國長期對抗。為求羅馬教皇支持，斯坎德培橫渡亞得里亞海，但礙於各城市國家利害關係錯綜複雜的義大利政情，僅得到財政支援。一四六八年斯坎德培病逝後，阿爾巴尼亞漸漸遭鄂圖曼帝國吞併。時至今日，斯坎德培依舊被譽為阿爾巴尼亞的民族英雄。

烏尊・哈桑（Uzun Ḥasan，一四二五至一四七八年）——白羊王朝（Aq Qoyunlu，一三七八至一五〇八年）名君。

白羊王朝是帖木兒朝（一三七〇至一五〇七年）衰亡後，興起於橫跨今日伊朗西部與土耳其東部地區的穆斯林突厥裔遊牧政權。

烏尊・哈桑的祖母及妻子為拜占庭帝國旁系——特拉布宗帝國（Empire of Trebizond，一二〇四至一四六一年）的皇族。在這段時期，包含鄂圖曼帝國在內，安那托利亞上的穆斯林諸國與基督教國聯姻並不稀奇。

烏尊・哈桑本身沒有身為特拉布宗帝國繼承人的自覺，反而自認為是帖木兒朝的繼任者。在一四〇二年安卡拉戰役中，烏尊・哈桑的祖父在帖木兒統帥下作戰，而鄂圖曼帝國在這場戰役中吃下毀滅性的敗仗，瀕臨滅亡。白羊王朝身為蒙古帝國、帖木兒帝國等撼動世界歷史的遊牧王朝末裔，是鄂圖曼帝國的最大威脅。此外，白羊王朝更與威尼斯結盟，取得火藥等武器。

安那托利亞中部的卡拉曼公國（Karamanids）發生內亂，與鄂圖曼帝國對立的烏尊・哈桑，乘隙集結被鄂圖曼帝國吞併的舊遊牧政權勢力，在安那托利亞中部巴什肯特（Başkent，或稱奧特魯克貝利〔Otlukbeli〕）展開激戰。據說這場戰役中，鄂圖曼軍隊只有二十六萬，白羊王朝則超過三十萬大軍，最後由梅赫梅德二世率領的鄂軍奪得勝利。僥倖從戰場脫逃的烏尊・哈桑，雖然預謀東山再起，但已無力重振雄風。白羊王朝在十六世紀初，遭新興的薩法維朝毀滅。

地中海勁敵——威尼斯

在與眾多強敵奮戰同時，梅赫梅德二世在位後期的主要敵人，是義大利城市國家威尼斯。兩國戰爭始於一四六三年，當時鄂圖曼海軍尚在發展，面對作戰經驗豐富的威尼斯艦隊，經常在海戰吃下敗仗。

然而，一四六八年斯坎德培死後，亞得里亞海東岸一帶被鄂圖曼帝國占有，一四七三年與威尼斯同盟的烏尊・哈桑戰敗後，威尼斯便不得不承認自己正一步步陷入絕境。

於是，鄂圖曼帝國與威尼斯於一四七九年締結和平協定，長達十六年的爭戰，終於獲得喘息。儘管鄂圖曼帝國將亞得里亞海東岸幾處奪來的侵占地歸還給威尼斯，卻也同時獲得十萬金幣的賠償金，以及每年一萬金幣的納貢。

對於人稱「亞得里亞海女王」的海上城市國家威尼斯來說，十五世紀是它最後的璀璨時光。儘管威尼斯在此後也經常以鄂圖曼帝國敵對的身分登場，但城市國家的光輝時代已然逝去，身影逐漸黯淡，到下一世紀，則換哈布斯堡帝國成為鄂圖曼帝國的敵手，躍升歷史舞台。

3 熱愛文藝復興文化的奇特蘇丹

讀遍希臘古典文學

不只鄂圖曼帝國，在迄今所有穆斯林王朝君主中，梅赫梅德二世堪稱是最具獨特性格的蘇丹。他自幼受到來自希臘羅馬文化薰陶，以及同時期誕生於西歐文藝復興文化的影響甚深。

梅赫梅德熱愛閱讀希臘古典書籍，據說他在征服君士坦丁堡後，自君士坦丁一世書庫搜刮了近一百二十本的希臘文圖書。梅赫梅德的藏書中不僅囊括荷馬（Homer）《伊利亞特》（Iliad）、色諾芬（Xenophon）《遠征記》（Anabasis）、赫西俄德（Hesiod）《神譜》（Theogonia）等希臘古典文學，甚至還有多瑪斯・阿奎那（Thomas Aquinas）的《神學大全》（Summa Theologiae，原著為拉丁文，梅赫梅德所藏為希臘文譯本）。

如此深受希臘古典文化薰陶的梅赫梅德二世，據說他在征服伯羅奔尼薩半島（Peloponnese Peninsula）後行經雅典時，曾對此地巍峨的衛城嘖嘖讚嘆。另外，他在一四六二年拜訪特洛伊（Troy）時，亦曾對阿基里斯（Achilleus）的偉業及記載其事蹟的荷馬讚譽有加。

他對同時期正好迎來文藝復興時期的義大利文化，也產生濃厚興趣。如本章開頭所述，與威尼斯協議和平後，梅赫梅德曾聘請畫家詹提勒・貝里尼作畫。而早在貝里尼之前，義大利人科斯坦左・達・費拉拉（Costanzo da Ferrara）便已為梅赫梅德二世工作。科斯坦左的知名度雖然不及貝里尼，但身兼畫家和金匠，替梅赫梅德二世打造肖像畫及徽章。鄂圖曼帝國畫家同樣受這些義大利畫家影響，於傳統細密畫中融入新題材及技法，留下畫作，可說是伊斯蘭文化與文藝復興文化交錯融合，在這個時代開花結果的成果。

統一基督教與伊斯蘭教的蘇丹

基督教徒中，亦出現梅赫梅德二世的信徒。史家克里托布洛斯（Kritoboulos）來自愛琴海格克切島（Gökçeada）的名門望族，君士坦丁堡淪陷後，他便在鄂圖曼帝國任職，擔任家鄉在地官員。關於克里托布洛斯的經歷，詳情不明，不過相信他與梅赫梅德二世十分親近。托卡比皇宮現存的希臘古典《遠征記》的手稿本，便是出自他的手筆。

克里托布洛斯因留下詳細的梅赫梅德二世傳記而聞名。這本傳記內容始於梅赫梅德達成二度即位的一四五一年，記錄至作者可能死於黑死病的一四六七年。姑且不論真偽，梅赫梅德二世的大小事蹟得以流傳至今日，克里托布洛斯功不可沒。

另外還有人期盼，基督教和伊斯蘭教能夠在梅赫梅德二世的統治下獲得統一。名為特拉布宗的喬治（George of Trebizond）的希臘裔學者，因神學、哲學而廣負盛名，他便是受梅赫梅德二世強烈個性所吸引的人物之一。他寫信給梅赫梅德二世，在信中讚揚蘇丹是超越亞歷山大大帝、古代波斯居魯士大帝（Cyrus the Great）或羅馬英雄凱薩大帝（Gaius Iulius Caesar）的偉大君主。

他在自己的著作中，甚至呼籲梅赫梅德征服羅馬。不過他也說了，那是因為他改信基督教才會如此提議，如果沒有改信宗教，他大概會成為一名反基督者（Antichrist）。

伊斯蘭一代賢君帝王的典範

如此，我們可以肯定的是，梅赫梅德二世個人超越穆斯林諸王朝傳統，熱切關心希臘及羅馬文物，並對迎接文藝復興時期的西歐抱有文化思想上的興趣。

然而，撇開梅赫梅德個人喜好，他的一言一行，徹頭徹尾就是一名伊斯蘭帝王。誠如前文，梅赫梅德本身受優秀伊斯蘭學者古拉尼的薰陶成長，即位後，又有當代一流導師阿克瞻斯丁（Akşemsettin）擔任宗教領袖輔佐在旁，在冠上梅赫梅德征服者之名的法提赫清真寺（Fatih

Mosque）中設置「八大院」（Sahn-ı Seman Medrese）作為高等伊斯蘭經學院，培育多名伊斯蘭學者，並根據伊斯蘭法整頓國家制度，他在伊斯坦堡各地遺留下來的多幢建築物，亦都繼承了穆斯林諸王朝傳統。

另有研究者聲稱，梅赫梅德二世自稱是「羅馬凱薩皇帝」（Caesar of Rome〔Qayser-i Rûm〕），自詡羅馬皇帝的後裔，但這不過是他們將少數事例誇大解釋後的說法。梅赫梅德二世最重視的，是托卡比皇宮帝王之門（Bâb-ı Hümâyûn）上所刻印的稱號——兩大洋之大汗，兩大陸之蘇丹。大汗（khagan）為突厥裔帝號，蘇丹則為伊斯蘭的君主稱號。換言之，身為突厥及伊斯蘭傳統繼承人的驕傲，才是梅赫梅德二世最根本的自我認同。

征服者之死

一四八〇年，梅赫梅德二世下令知名勇將蓋狄克・阿何梅特帕夏（Gedik Ahmed Paşa）攻打義大利南部，鄂圖曼軍隊成功登陸，占領了位在義大利半島鞋跟底部的奧特蘭托（Otranto）。

全義大利陷入恐慌。翌年一四八一年四月底，梅赫梅德二世於伊斯坦堡亞洲地區聚集兵隊，在未透漏目的地的情況下，率隊向東前進。有關這批遠征軍的目標，眾說紛紜，有人說是統治埃及與敘利亞的馬木路克朝（Mamluk Sultanate），也有人說是兩年前攻占失敗的羅德島（Rhodes）。

亦有人堅稱，向東只是煙霧彈，羅馬才是他的終極目標，畢竟當時奧特蘭托已被鄂圖曼軍隊占領，梅赫梅德又時常高談闊論征服羅馬的野心。還有傳聞梅赫梅德二世打算帶領十萬大軍登陸義大利，征服義大利全島。

不論梅赫梅德意圖為何，最終他自己的身體狀況阻擋了行軍的步伐。梅赫梅德感到強烈腹痛，在距離伊斯坦堡不遠處，今日蓋布契（Gebze）附近，下令全軍暫停。經猶太人御醫診斷，梅赫梅德的症狀是腸阻塞，然而治療無效，只能靠鴉片減緩疼痛。

五月三日，絕世的征服者就此長眠，享年四十九歲。湊巧的是，梅赫梅德二世殞落之地，同時也是昔日迦太基（Carthage）英雄漢尼拔（Hannibal）以及君士坦丁堡名稱由來的君士坦丁大帝故去之地。

梅赫梅德的遺骸，被埋葬在伊斯坦堡微微隆起的山丘上，征服者清真寺內的陵墓之中。

征服者之子

梅赫梅德二世膝下，成年王子有巴耶濟德、穆斯塔法、傑姆（Cem）三人，生母各不相同，但同樣皆為女奴出身。

其實，梅赫梅德有一個正式締結婚姻關係的王后，那便是統治安那托利亞南東部的杜卡迪爾公國（Dulkadir）席媞公主（Sittişah Hatun）。兩人於梅赫梅德王子時期成婚，舉辦喜宴時，不但極盡奢華，還邀請鄰國使節一同慶賀。然而，這段婚姻對梅赫梅德來說，似乎不過是一場政治聯姻。在他征服君士坦丁堡時，將宮廷從愛第尼搬遷至伊斯坦堡，同時把席媞留在愛第尼，直到一四六七年香消玉殞。

三位王子中，梅赫梅德二世最中意穆斯塔法，然而後者在一四七四年於赴任地科尼亞時病倒，儘管梅赫梅德二世派遣御用的猶太人太醫前往診治，依舊回天乏術，穆斯塔法就此病逝。

蘇丹死後，入主伊斯坦堡

梅赫梅德駕崩時，巴耶濟德及傑姆分別任職阿馬斯雅與馬尼薩的太守。巴耶濟德收到父王崩殂的消息後，早一步趕往伊斯坦堡，成功進入托卡比皇宮，登基成為巴耶濟德二世。

慢半拍的傑姆抵達舊都布爾沙，向王兄提議分區統治鄂圖曼帝國，但遭巴耶濟德拒絕。巴耶濟德二世取得正規軍兵權，傑姆無力抗衡，遂以麥加朝覲為由，逃亡埃及馬木路克朝，接著轉向聖若翰騎士團的據點——羅德島。然而，西歐諸國決定，與其出動十字軍支援傑姆，不如選擇接受巴耶濟德納貢。據說傑姆許下承諾，只要自己成為鄂圖曼帝國君王，便從包含伊斯坦堡在內的歐洲土地撤退，卻依舊無法打動西歐諸國。對他們而言，礙於種種利害關係，根本不可能團結一起，

托卡比皇宮

做出危險賭注，動員十字軍討伐鄂圖曼帝國。傑姆被移送義大利後被長期軟禁，一四九五年在拿坡里（Napoli）客死異鄉。

有別於先王梅赫梅德二世，世人對巴耶濟德二世的評價多半是保守、少有對外征戰，才華洋溢的傑姆，反而比較像是繼承征服者衣缽之人。然而，鬆綁梅赫梅德二世時期過度推進的中央集權、整頓制度、保護文藝，替急速發展的帝國鞏固基礎之人，正是巴耶濟德二世。

巴耶濟德二世的治理，使得鄂圖曼帝國得以蓄養國力。帝國進一步擴展疆域，則在繼任的謝利姆一世（一五一二至一五二〇年在位）及蘇雷曼一世時期。

功名不揚的蘇丹

令人意外的是，梅赫梅德二世雖是稀世英雄，當時人們對他的評價卻是貶抑多於褒獎。

梅赫梅德二世強制執行中央集權，推動改革，奪走大宰相錢達爾勒等守舊派的權力，帝國史家總是拐彎抹角地指桑罵槐。或許，這是因為他們屬於被梅赫梅德改革剝奪既得利益的一群，所以那是再自然不過的反應。時移世易，批判的聲浪也跟著消失，梅赫梅德最終獲得與其豐功偉業名實相稱的讚譽，然而論聲望，終究是謝利姆一世和蘇雷曼一世更勝一籌。

直至十九世紀中葉以降，梅赫梅德二世才擠進鄂圖曼帝國高度評價的蘇丹行列。奈木克・凱末爾（Namık Kemal）是愛國詩人、戲曲家，同時也是才華出眾的歷史學家，他在梅赫梅德二世的評傳中，將梅赫梅德二世與擊退十字軍的薩拉丁（Saladin）、征服馬木路克朝的謝利姆一世等人相提並論。

二十世紀後，梅赫梅德二世漸漸博得國民喜愛，多次舉辦祭典，紀念伊斯坦堡征服壯舉，到了土耳其共和國時代，自一九五三年大規模舉辦征服五百周年紀念慶典之後，便經常盛大舉行紀念活動。

土耳其共和國的征服者

在征服五百周年時，梅赫梅德二世的生母來歷曾引發熱烈討論。

誠如前述，梅赫梅德二世的生母很有可能是信奉基督教的女奴，然而針對該議題，仍有多位研究者主張，梅赫梅德二世真正的母親是桑達爾公國（Jandarids）公主哈莉梅可敦（Halime Hatun）。桑達爾乃突厥裔公國之一，統治安那托利亞黑海沿岸。

確實，穆拉德二世與哈莉梅在一四二〇年代前期因政治因素而結婚。如果哈莉梅是梅赫梅德的生母，這表示梅赫梅德擁有突厥裔的母親，然而沒有歷史資料可以佐證她是梅赫梅德二世的生母。

二〇一八年土耳其播放梅赫梅德二世相關的電視影集時，關於其生母究竟是穆斯林或基督教徒，依舊掀起了一場爭議。當然，只要沒有新資料問世，這個議題在學術上可說是已有定論，然而似乎有不少人無法接受，帝國史上最有名的蘇丹，其生母是非突厥裔的基督教徒這項事實。

二〇二〇年的今日，以梅赫梅德二世後裔自居之人，說不定就是土耳其共和國總統雷傑普・塔伊普・艾爾多安（Recep Tayyip Erdoğan）本人。一九九四年艾爾多安代表福祉黨（Refah Partisi）參選伊斯坦堡市長選舉，一舉當選嶄露頭角。競選時，他自稱是「伊斯坦堡的新征服者」，他的當選被稱為「伊斯坦堡的第二次征服」。如今，在艾爾多安領導的正義與發展黨（Adalet ve Kalkınma Partisi）政權下，伊斯坦堡舉行征服紀念活動已成為慣例。在二〇一六年的慶典上，當時的總理耶爾德勒姆（Binali Yıldırım）曾將艾爾多安比喻為梅赫梅德二世發表演說。當然，席間耶爾德勒姆只強調梅赫梅德二世的豐功偉業，對於他理應具有的世界主義觀（cosmopolitism），隻字未提。

由梅赫梅德二世下令從教堂改為清真寺的聖索菲亞大教堂（Hagia Sophia），現在是土耳其最具爭議的話題之一。一九三五年，土耳其共和國國父穆斯塔法・凱末爾命令將聖索菲亞清真寺改為博物館，然而二〇二〇年七月十日，艾爾多安總統決定將聖索菲亞博物館改回清真寺，並於同月二十四日星期五舉行集體禮拜。

梅赫梅德二世留下的遺產，今後會走向什麼樣的命運？

專欄一

奴隸——鄂圖曼帝國發展的根源

在伊斯蘭世界的歷史中，奴隸扮演著重要角色，這在鄂圖曼帝國上下，無一例外。

對現代日本人來說，奴隸一詞乍聽之下可能覺得不習慣。通常，我們聽到「奴隸」二字，心中總會浮現以前美國在嚴苛環境下務農的黑奴。然而，伊斯蘭世界的奴隸地位，與上述形象截然不同。奴隸的權益在伊斯蘭法律中獲有一定程度的保障，即便是奴隸的擁有者，也不能違反法律規定。再者，如果奴隸的主人是像帝王般有權有勢的人物，他甚至擁有比一般人更強大的權力。

伊斯蘭世界並非沒有像美國黑奴一樣的農奴。舉例來說，鄂圖曼帝國初期，有戰俘成為奴隸從事農業活動，末期則有切爾克斯（Cherkess，泛指北高加索人，多居住在北高加索西部）移民，為了逃脫俄羅斯統治而湧進帝國境內成為農奴。前者因取得自由之身而逐漸消逝，後者則是在鄂圖曼政府的要求下獲得釋放，因此農奴的重要性確實可說比較微薄。然而，愛琴海沿岸等地，黑奴在手工業舉足輕重，也是眾所周知的事實。

基本上，包含鄂圖曼帝國在內，穆斯林諸王朝提及奴隸，以家僕（宏觀來看，後宮女奴、宦官亦可歸類在此）及軍奴為主。尤其，經由少年充軍制度（Dev irme）徵用國內基督教徒子弟招募而來的奴隸，會成為蘇丹隨從，或以新軍為代表的常備軍成員（參照九七頁）。除了君主以外，沒有任何後盾的他們，組成一支忠心耿耿、紀律嚴明的部隊，大顯身手。

然而，十六世紀末，少年充軍制度開始崩壞，自由之身的穆斯林逐漸湧入宮廷及新軍，到了十七世紀以後，軍奴甚至可說早已失去嚴格定義上的奴隸性質。但另一方面，以後宮奴隸為代表的家僕，則一直存續到帝國末期。後宮女奴一開始多為希臘裔或斯拉夫人，漸漸地以切爾克斯人占多數，在十九世紀，寵妃——也就是蘇丹生母——大多是切爾克斯人，便是這個緣故。

進入十九世紀後，在歐洲解放奴隸發展快速的壓力下，鄂圖曼帝國亦停止買賣奴隸，不過對後宮的奴隸供給，則勉強持續到帝國末期。

第三章

許蕾姆

——蘇雷曼大帝的寵妃

許蕾姆。提齊安諾畫，一五五〇年左右作品。

1 機伶更勝外表魅力的狐媚女子

深得蘇丹寵愛的魅惑女子

畫中女子豐滿白皙，目光柔和且面帶微笑，身披綠色長袍，樸實卻顯高雅，相對之下，她頭上皇冠鑲嵌著華麗珠寶。

她的名字叫許蕾姆。

儘管她原是基督教徒的奴隸身分，卻成為蘇雷曼一世（一五二〇至一五六六年在位）——也就是實現鄂圖曼帝國黃金時代的立法者（Kanuni）、蘇雷曼大帝（Suleiman the Magnificent）——的寵妃，更在日後攀上正式皇后之位。蘇雷曼深愛著許蕾姆，雖然伊斯蘭教允許一夫四妻，他卻以實質一夫一妻的關係，與許蕾姆共結連理。在許蕾姆麻雀變鳳凰的成功故事背後，流傳著各種流言蜚語，說她以魔法蠱惑蘇雷曼，設下各種陰謀詭計誅鋤異己。聲名遠播西方的許蕾姆，堪稱鄂圖曼帝國史上名聲最顯赫的女性。

這幅肖像的畫家名為提齊安諾・維伽略（Tiziano Vecellio，英語國家稱之為提香 Tizian），亦有人認為不是出自提齊安諾本人之手，而是提齊安諾名下的工坊作品。

提齊安諾在繪製梅赫梅德二世肖像畫的詹提勒・貝里尼及其弟喬凡尼・貝里尼（Giovanni Bellini）工坊研習學藝，所以在某種意義上，他算是貝里尼的弟子，名聲卻遠勝於兩位師傅。不僅如此，提齊安諾更是文藝復興時期最具代表性的巨匠之一，甚至被譽為「群星中的太陽」。身為威尼斯共和國官方畫家，提齊安諾描繪許蕾姆的年分，大概在一五五〇年左右。這是他已打響名聲，擁有大型工作坊，從事繪畫製作時期的作品之一。然而，編纂提齊安諾傳記的喬爾喬・瓦薩里（Giorgio Vasari）聲稱，這幅畫中的許蕾姆芳年十六，所以畫家參考的原始畫作的完成時間可能更早。

沒有紀錄顯示提齊安諾曾參訪鄂圖曼帝國，因此這幅畫並不是他直接覲見許蕾姆所創作。除提齊安諾以外，亦有同期的西方畫家描繪許蕾姆肖像，其中更有人曾旅居鄂圖曼帝國，但是筆者相信，沒有人曾經親眼拜見過許蕾姆的容貌。就當時的風俗民情來說，後宮的尊貴女子不可能直接接見異教徒畫家，流傳下來的許蕾姆肖像畫會有各種不同樣貌，想必是其來有自，因此很難從畫作看出許蕾姆的真實面貌。

儘管如此，這幅出自巨匠提齊安諾之手的肖像畫，充分表達了許蕾姆身為蘇雷曼大帝伴侶的形象。——如此作想，興許是筆者個人偏好。

從女奴到宮廷貴妃

許蕾姆的名字，帶有「喜樂」、「快活」之意，這是她進入後宮成為蘇雷曼一世的寵姬後，所得到的賜名。鄂圖曼帝國的女奴通常會被賜予花或珠寶相關的名字，或是用隱含吉祥寓意的抽象名詞來命名。

關於許蕾姆的本名，有人說是安娜絲塔西亞（Anastasia），也有人說是安樂克絲珊卓拉（Aleksandra），但正確為何，無人知曉。西方人稱她為羅莎蘭（Roxelana），意思是「魯塞尼亞人」（Ruthenian）。權宜上，本書統一使用「許蕾姆」來稱呼。

據說，許蕾姆的父親是位於今日烏克蘭、當時受波蘭統治的城鎮洛哈汀（Rohatyn）的正教教士，但這一點似乎也還不明確。唯一可以確定的是，許蕾姆是烏克蘭的基督教徒，因受克里米亞汗國（Crimean Khanate）襲擊而變成奴隸，進獻給鄂圖曼宮廷。關於她的出生年分，同樣不太清楚，有一說她在一五〇五年左右出生，在此我們姑且比照辦理。

謝利姆一世因黑死病驟逝，蘇雷曼一世繼承先帝大位，於一五二〇年登基，年二十五歲。蘇丹謝利姆性格嚴苛，人稱「冷酷者」（Yavuz），為人所懼，在查爾德蘭戰役中擊破伊朗薩法維朝，並征服統治敘利亞與埃及的馬木路克朝，立下豐功偉業。

許蕾姆被獻入蘇雷曼後宮，是在他登基後不久的事。

蘇丹是唯一能出入後宮的男子

後宮帶有「禁止」之意，對穆斯林而言，可以用在麥加或麥地那等聖地，亦可指稱一般住處的私人空間（Haremlik，與之相對，招待訪客的開放空間則稱為「Selamlik」）。

鄂圖曼帝國宮廷所謂的後宮，專指蘇丹後宮。

梅赫梅德二世以後，制度逐漸步上軌道，蘇丹身邊的女子，在後宮遵照井然有序的上下關係生活，學習技藝與學問修養。關於後宮女子人數，目前還不清楚許蕾姆當時的情況，不過十八世紀中葉的紀錄顯示有四百四十人，這個數字包含所有參與後宮運作的女子人數。

蘇雷曼大帝一世，提齊安諾畫（或其工坊作品）。

能夠踏入後宮的成人男性，僅限蘇丹本人。由宦官負責監督後宮，統掌這群宦官的黑人宦官長，稱為「女子總管」（Kizlar Agha）。年幼的王子在成人就任地方太守以前，亦在後宮生活。

後宮經常是西方人喜愛東洋趣味的主題，被視為鄂圖曼帝國「頹敗」或蘇丹「好色」的象徵。如同名稱所宣示，「後宮」是個不為外界所知的世界，因而又更激發人們的想像力，然而這些印象與實際情況卻是大相逕庭。鄂圖曼帝國是一個以奧斯曼王室為頂端運作的王朝國家，「維持蘇丹血統」永遠是帝國最優先的任務，而後宮便是滿足王朝需求所設立的組織。

蘇雷曼一世剛登基時，後宮並不是後來稱為新皇宮（Yeni Saray）的托卡比皇宮，而是位在有頂大市集（Grand Bazaar）附近的舊皇宮（Eski Saray）。蘇丹在托卡比皇宮外廷處理政務，於內廷生活起居，並視情況往返太后或妻妾居住的舊皇宮（十六世紀後半葉，後宮才完全搬遷至托卡比皇宮）。

獨霸後宮的蘇雷曼之母

當時真正掌控後宮之人，是蘇雷曼的生母——哈芙薩可敦（Hafsa Hatun）。關於哈芙薩的來歷，常見的說法指稱她是繼承成吉思汗蒙古帝國的國家之一、也就是統治黑海北岸的克里米亞汗國公主。然而這個說詞，不過是從蘇雷曼曾在王子時期，擔任克里米亞半島城市卡法（Capha）太守而衍生出來的聯想，據說哈芙薩其實是原基督教徒的女奴出身。以美貌著稱的哈芙薩，長伴蘇雷曼王子左右，與兒子間建立了緊密的羈絆。

蘇雷曼在登基前，已育有馬木德、穆斯塔法、穆拉德三個兒子，其中馬木德及穆拉德英年早逝，生母之名皆不見經傳。穆斯塔法的母親為瑪希德芳（Mahidevran），同樣是女奴出身。穆斯塔法王子才華洋溢，隨著年齡增長，身為蘇雷曼一世的儲君，成為眾所期待的對象。

許蕾姆便是在後宮有哈芙薩掌權、瑪希德芳身為王子生母占有一席之地的情況下進宮。據說，許蕾姆絕非貌美之人，但是她的聰明伶俐深得蘇雷曼好感。許蕾姆集蘇雷曼寵愛於一身，於一五二一年誕下梅赫梅德王子。馬木德及穆拉德兩位王子幾乎在同一時期因疫病而逝，因此梅赫梅德是在眾人期盼下誕生。

依照奧斯曼王室此前的慣例，誕下王子的寵妃通常不得再與蘇丹親近，就此失去生育第二王子的機會。這項機制是為了防止權力集中在某特定人物身上，然而蘇雷曼卻打破慣例，繼續寵幸許蕾姆。於是在那之後，許蕾姆又相繼誕下米赫麗瑪赫（Mihrimah）公主、阿布杜拉王子（Abdullah，幼年夭折）、巴耶濟德王子、謝利姆王子、吉翰吉爾（Cihangir）王子等五男一女。

許蕾姆剛入宮時，應該連突厥語都還不太會說，關於她是如何奪得蘇雷曼歡心，我們只能臆測。當時的人們似乎也是如此，甚至煞有介事地傳出許蕾姆施法的流言蜚語。

萊絲里・皮爾斯（Leslie P. Peirce）寫了一本十分出色的許蕾姆傳記。皮爾斯在書中推測，梅赫梅德的出生，證明了許蕾姆可以順利產子，這一點在當時至關重要，因為在許蕾姆入宮前，蘇雷曼才剛失去兩名愛子。當然，這個推論應該是以兩人相愛為前提做論述，確實值得參考。

2 與蘇雷曼、伊柏拉罕之間緊張的三角關係

鄂圖曼帝國史上與女奴結婚的第一人

一五三四年三月，哈芙薩薨逝後，宮中原本勉強保持均衡的權力關係，驟然失衡。從這一年起至往後數年間發生的三件大事，壯大了許蕾姆的權勢，讓她替代哈芙薩成為後宮之主。

第一件大事是蘇雷曼與許蕾姆成親。哈芙薩薨逝數月後，蘇雷曼正式迎娶許蕾姆，締結婚姻關係。

十五世紀以前，鄂圖曼帝國的蘇丹基於政策考量，有時會與鄰國皇族聯姻，但與後宮女奴正式成親卻是前所未見。相對於這些慣例，蘇雷曼反其道而行，不但撤銷許蕾姆的奴隸身分，更與其結為正式夫妻，此乃鄂圖曼帝國史上首度發生的重大事件。

然而，全帝國上下的紀錄卻對這場婚姻保持緘默，好似在傳達帝國史家們對這場史無前例的王室醜聞的不知所措。於蘇雷曼在位後期訪問鄂圖曼帝國的哈布斯堡帝國大使奧吉爾・吉斯林・德・布斯貝克（Ogier Ghiselin de Busbecq）雖散布小道消息，說許蕾姆曾向蘇雷曼逼婚：「不結

婚，就不再與君同床」，但可信度令人質疑。

第二件大事是瑪希德芳離開後宮。

同一年，年滿十八歲的穆斯塔法王子前往馬尼薩任職太守，瑪希德芳亦伴子同行，離開後宮。根據後世編年史記載，許蕾姆與瑪希德芳發生肢體爭執，瑪希德芳不但拉扯許蕾姆的頭髮，更抓傷她的臉，蘇雷曼震怒之下，將瑪希德芳趕出後宮。然而，王子偕同生母前往就任地點，乃鄂圖曼帝國長久以來的慣例，所以前述描述真偽不明，多半是捕風捉影。

然而，王子何時會以太守身分離開後宮，並沒有明確規定，所以穆斯塔法與瑪希德芳在這一年離開伊斯坦堡這件事本身，或許可能摻有蘇雷曼或許蕾姆的居心。

至於許蕾姆，儘管皇子梅赫梅德王子等人前往地方就任，她依舊留在後宮。蘇雷曼專程為許蕾姆增建托卡比皇宮，供其生活起居。

伊柏拉罕為何被處死？

接著第三件大事，便是蘇雷曼處死肱骨之臣大宰相帕加勒・伊柏拉罕帕夏（Pargalı İbrahim Paşa）。

蘇雷曼才剛結束薩法維朝遠征不久的一五三六年三月，身為蘇雷曼的得力助手，擔任大宰相超過十二年的伊柏拉罕，被處死刑。

伊柏拉罕為威尼斯僑民出身，自從以奴隸身分進獻給蘇雷曼王子以來，便成為他的心腹，長期服侍在其左右。

有人說伊柏拉罕與蘇雷曼的妹妹結婚，但這個說法長久以來一直遭人質疑，近幾年亦有論文就此論點做出批判。同時期史料中沒有任何伊柏拉罕與王妹成親的紀錄在，也反映出這並非既定事實。

然而，伊柏拉罕確實集蘇雷曼寵愛於一身，於帝都中心置產，權勢赫赫。伊柏拉罕可說是蘇雷曼的分身，突然的處死，令鄂圖曼帝國人們錯愕不已。

伊柏拉罕為何會被處死，目前尚無定論。有人說伊柏拉罕功高震主，以致讓自己的稱號帶有「蘇丹」的語意在，因而觸及蘇雷曼的逆鱗。

伊柏拉罕慘遭處刑最為膾炙人口的原因之一，是許蕾姆的陰謀論。伊柏拉罕支持瑪希德芳兒子中最年長的王子穆斯塔法，所以傳出希望親生子繼位的許蕾姆陷害伊柏拉罕的傳聞。不過，這個說法沒有明確證據。

年輕的蘇雷曼曾與伊柏拉罕有過一段戀情，這一點無庸置疑。儘管伊斯蘭教規視同性戀為禁忌，但君主與內侍之間的愛情，在伊斯蘭世界並不稀奇。然而，如同辻大地的研究顯示，男性之間的性關係，僅限其中一方為少年，成年男子間的性關係依舊被視為忌諱，所以儘管兩人的關係曾以獨特的紐帶緊密聯繫，但成年後應該是逐漸走向變質。

伊柏拉罕未察覺與「昔日戀人」蘇雷曼之間已然產生隔閡，因而給了許蕾姆挑撥離間的機會也說不定。——但，這終歸只是臆測。

展現王妃威勢

許蕾姆成功成為宮廷掌權者，聯合米赫麗瑪赫公主及其夫婿魯斯特帕夏（Rüstem Pasha）大宰相，結黨連群，大顯威風。

魯斯特與米赫麗瑪赫年齡差距甚大，宛如父女，是個貪婪且惡名昭彰的人。據說，米赫麗瑪赫當初並不想嫁給他。

然而，許蕾姆並沒有看走眼。

蘇雷曼在統治後半期，征服行動停擺，魯斯特在經濟活動上充分展現了自己的才華。魯斯特命人打造的魯斯特帕夏清真寺，位在伊斯坦堡埃及市集附近，內部採用大量的伊茲尼克（Iznik）瓷磚裝飾，富麗堂皇，現已成為伊斯坦堡觀光不容錯過的熱門景點（參照一〇四頁、一四二頁）。

許蕾姆對伊斯坦堡投注大量的宗教捐獻基金（Vakıf），建設清真寺或商業設施。在這之前，

許蕾姆命建築師錫南興建的公共澡堂

亦有王公貴族的女性向地方城市捐贈宗教捐獻基金，然而在帝都伊斯坦堡建造如此大規模的設施，卻是許蕾姆首開先例，其中最著名的建設，莫過於法提赫地區清真寺、醫院、學院等一系列的複合設施。後來，這一區以許蕾姆命名，取名為「Haseki」（受封寵妃專用頭銜）而廣為人知。此外，佇立在聖索菲亞清真寺與蘇丹艾哈邁德清真寺兩地之間的大型公共澡堂（Hammām），也是用她的捐獻基金興建而成，如今已完成修復，觀光客亦可入內泡澡。

不僅許蕾姆，米赫麗瑪赫公主也相當積極參與宗教捐獻基金。在許蕾姆、米赫麗瑪赫及魯斯特身旁，有名建築師錫南展現鬼斧神工的技藝。

許蕾姆的活躍不限於國內

許蕾姆與波蘭國王齊格蒙特一世（Zygmunt I，一五〇六至一五四八年在位）的王妃波娜・絲佛札・達拉戈納（Bona Sforza d' Aragona），以及後來成為匈牙利王妃的伊莎貝拉・雅蓋隆卡公主（Izabela Jagiellonka）皆有書信往來。波娜是激進的反哈布斯堡派，為了求取鄂圖曼帝國支援，與許蕾姆建立友誼關係。當時的匈牙利宗主權在鄂圖曼帝國手中，國王又是反哈布斯堡派的薩普雅・亞諾什（Szapolyai János）。也就是說，波蘭、匈牙利和奧斯曼王室的女性，為了對抗哈布斯堡家族，透過非官方網絡彼此交流聯繫。

十六世紀後半葉，同時也是鄂圖曼帝國東西鄰國的王妃公主大放異彩的時代。法國為鄂圖曼帝國的同盟國，梅迪西家族（Medici）出身的凱塞琳・梅迪西（Catherine de Médicis），身為王妃及皇后掌握著巨大的權力。再往西邊，英國女王伊莉莎白一世（一五五八至一六〇三年在位）的崛起，只比許蕾姆稍晚一些時間。至於東方鄰國伊朗的薩法維朝，巴莉・汗・哈努姆（Pari Khan Khanum）公主更是在父王太美斯普一世（Tahmasp I，一五二四至一五七六年在位）晚期至兄長伊斯邁爾二世（Ismail II，一五七六至一五七七年在位）統治期間，以地下統治者的身分大權在握。

這群王妃公主中，許蕾姆身為鄂圖曼帝國的王妃，想必是當時世界最有權勢的女性之一。

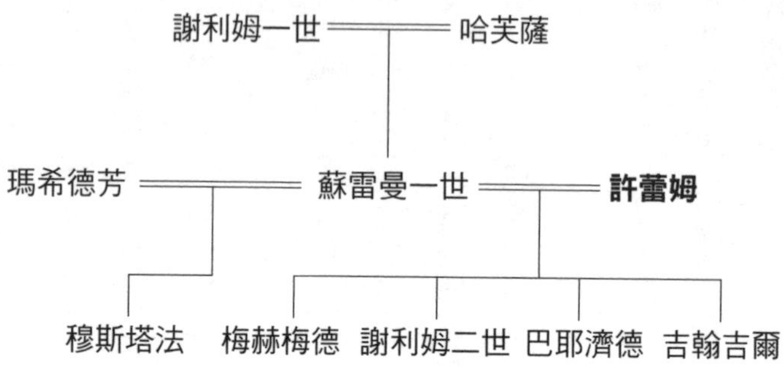

蘇雷曼一世與許蕾姆的系譜

許蕾姆一人獨大的唯一煩惱

對於無往不利的許蕾姆來說，心中唯一罣礙便是瑪希德芳之子，穆斯塔法王子的存在。

許蕾姆的三位王子中，年長的梅赫梅德最為聰敏，不幸於一五四三年病逝，蘇雷曼為此悲嘆不已，命錫南建造皇子清真寺（Şehzade Mosque，參照一〇二頁）。許蕾姆剩餘的兩個兒子——謝利姆及巴耶濟德，才能遠不及穆斯塔法。

眾人對當時已達壯年的穆斯塔法寄予厚望，希望他能繼承王位，同時期的威尼斯人更評論這名王子「曠世奇才、勇武過人，並得新軍擁戴」。於是，渴望年輕有為的王子取代年邁蘇丹登基為王的呼聲，在人民之間不斷高漲。

蘇雷曼的父親謝利姆一世於王子時代舉兵逼宮，廢黜祖父巴耶濟德二世，自行登基，相信這便是蘇雷曼腦海中所浮現的前車之鑑。王位繼承的緊張局勢逐漸加劇，於一五五四年達到高峰。

這一年，蘇雷曼在遠征伊朗的行軍中，傳喚當時任阿馬斯雅太守的穆斯塔法前來自己營帳。穆斯塔法身旁的親信認為此番召喚十分可疑，力勸他萬不可前往，但穆斯塔法不聽勸告，來到父王跟前，慘遭處刑。

穆斯塔法的兒子及心腹，過沒多久亦遭處決。如此，蘇雷曼親手摘除了弒君萌芽的機會，當然也有傳聞說這件事背後暗藏著許蕾姆的詭計。

蘇雷曼和許蕾姆沒有料到的是，體弱多病的么兒吉翰吉爾，竟因同父異母兄弟被處死，大受衝擊而鬱鬱身亡。兩人對小王子之死悲痛交加，同樣命錫南在伊斯坦堡新市街的山丘上，打造一座小巧別緻的清真寺以為緬懷。

最後剩下謝利姆與巴耶濟德兩位王子。其中，據說巴耶濟德能力更強，他為了伺機窺探繼承王位的機會，假冒穆斯塔法王子名義，策畫「偽穆斯塔法之亂」製造動亂，不過這場叛亂不久便被平定。巴耶濟德因此差點被父王懲處，後來是許蕾姆代為說項，才逃過一劫。

兩子相爭是許蕾姆生前最後的煩惱。

許蕾姆心中究竟描繪了什麼樣的未來？根據當時的紀錄，許蕾姆及米赫麗瑪赫似乎支持巴耶

穆斯塔法王子的死刑。節錄賽義德・洛克曼（Seyyid Lokman）《技能之書》（Hünername，1585 年）。

濟德，另一方面，蘇雷曼則屬意謝利姆為繼承人。

至此，始終志同道合的蘇雷曼與許蕾姆之間產生了巨大鴻溝。

然而，許蕾姆無緣看到結局。

關於許蕾姆後來究竟罹患何種疾病、又是在何時病倒，皆無具體史實紀載，她的死因依舊成謎。

有一種說法是，她得了瘧疾。

一五五八年四月十五日，許蕾姆與世長辭。如果假設她出生於一五〇五年，約莫是五十三年的壽命。

許蕾姆的遺骸埋葬在蘇雷曼尼耶清真寺中庭的陵園中。多年後，蘇雷曼的陵寢亦興建在許蕾姆陵墓一旁，供後世祭拜弔唁。

3 與慈禧太后、瑪麗．安東尼齊名，被世人稱為蛇蠍女的原因

許蕾姆死後

且容筆者記述後續。

許蕾姆死後，謝利姆與巴耶濟德之間的緊張關係達到頂點。不如許蕾姆及米赫麗瑪赫的期待，蘇雷曼一世最終選中的繼承人依舊是謝利姆。

謝利姆與巴耶濟德在科尼亞之戰一決勝負，陷入激戰，最後由獲得正規軍支援的謝利姆取得壓倒性勝利。巴耶濟德逃亡伊朗薩法維朝，期盼東山再起，但薩法維朝無意與鄂圖曼帝國節外生枝。最終巴耶濟德遭人絞殺，死於鄂圖曼帝國使節之手，其遺體既不是埋葬在傳統王室墓塚所在的布爾沙，亦非伊斯坦堡，而是安那托利亞東部的西瓦斯（Sivas）郊外。於是，謝利姆成為唯一儲君。

蘇雷曼一世在有生之年終結子嗣間兄弟鬩牆的局面，並於一五六六年重啟親征，目標直指匈

牙利錫蓋特堡（Szigetvár），然而就在圍攻即將展開前夕，蘇雷曼於陣地駕崩。

謝利姆王子得悉父王驟逝後，急忙趕往奔喪，並在大宰相索庫魯・梅何美特帕夏（Sokollu Mehmed Paşa）輔佐下，登基成為謝利姆二世。人稱「酒鬼謝利姆」（Sarhoş Selim）的謝利姆二世，是鄂圖曼帝國史上最不受歡迎的蘇丹之一，然而擁有蘇雷曼一世如此威震八方的父親，任誰繼位，想必都難以獲得高度評價。

這時，曾在蘇雷曼一世後宮風光一時的人物，大多已從歷史舞台退場，但有一個意想不到的人還活著，那便是瑪希德芳。

瑪希德芳失去穆斯塔法王子後，隱居在布爾沙，同時失去蘇雷曼一世的生活援助——據說這是許蕾姆暗中搗的鬼。生活陷入困境的瑪希德芳，連房租都無法支付。

瑪希德芳失去愛子，生計又陷入谷底，此時伸出援手之人，便是謝利姆。

謝利姆在即位前數年，便下令援助瑪希德芳，也因此她的待遇得以改善。謝利姆與瑪希德芳曾經在後宮共同生活過一段時間，或許謝利姆自那時起便對瑪希德芳抱有仰慕之心。

謝利姆即位後成為謝利姆二世，下令替他那位慘遭殺害的異母王兄穆斯塔法王子興建陵園。謝利姆的深厚情誼，對瑪希德芳來說至少是一種安慰。

多虧謝利姆二世援助，瑪希德芳比勁敵許蕾姆活得更長久，薨逝於一五八一年，謝利姆二世則於一五七四年駕崩，改朝換代迎來穆拉德三世的統治。如今，瑪希德芳安靜地沉睡在穆斯塔法王子一旁。

電視影集《輝煌世紀》大受歡迎

許蕾姆從在世期間到現在，都被世人描述為絕世的蛇蠍女。當然，面對這般評論，我們應特別謹慎。不限於鄂圖曼帝國，歷史上經常可以看到將帝王的失敗或缺德歸咎在佞臣或蛇蠍女身上的情況。就許蕾姆來說，現有的史料盡數指稱她是蛇蠍女，所以我們也很難否定這個形象，但至少不應做出片面的批判。

話雖如此，無須抬出慈禧太后或瑪麗・安東尼（Marie Antoinette）等例子，在歷史上擁有非凡地位的「蛇蠍女」，似乎都擁有迷惑眾生的魅力。

早在許蕾姆生前，法國作家加布里耶爾・布寧（Gabriel Bounin）便以許蕾姆為主角寫了一部劇本《蘇丹女》（La Soltane）。從此，許蕾姆成為歐洲各地無限遐想的根源。

尤其許蕾姆在出生地波蘭及烏克蘭（烏克蘭當時為波蘭領地）依舊大受歡迎，時常成為各類文學及影集的主題。

托卡比皇宮典藏的許蕾姆肖像，作者不詳，18世紀作品。

烏克蘭研究員奧莉克桑德拉・修特克（Oleksandra Şutko）甚至聲稱，除了許蕾姆以外，在後宮擁有強大權勢的女性，包含梅赫梅德四世（一六四八至一六八七年在位）之母杜沆（Turhan）、奧斯曼三世（一七五四至一七五七年在位）之母謝芙斯娃（Şehsuvar）等人在內，都是烏克蘭出身，因而將這個時代的鄂圖曼帝國稱為「烏克蘭的統治」（Ukraine Sultanate）。

但另一方面，土耳其相當晚期才出現許蕾姆的重新評價。

土耳其第一本以許蕾姆為題材的文學作品，是已進入土耳其共和國時期的一九三七年，由圖翰・湯（Turhan Tan）創作的小說《許蕾姆蘇丹》（Hürrem Sultan）。至此以後，許蕾姆成為戲曲、歌劇、傳記中充滿魅力的素材。筆者亦曾在留學期間的二〇〇三年左右，在伊斯坦堡卡德柯伊（Kadıköy）地區的哈爾敦・塔那劇院（Haldun Taner Sahnesi）觀賞以許蕾姆為主題的舞台劇。

值得一提的是，土耳其民營電視台Show TV及Star TV於二〇一一年至二〇一四年期間，播放電視影集《輝煌世紀》（Muhteşem Yüzyıl）。這部電視劇以托卡比皇宮為背景，描述一群繡衣朱履的後宮中人，光鮮華麗卻又陰險狡詐、錯綜複雜的人際關係，引爆話題，不僅土耳其，甚至風靡全世界，在日本亦翻成《オスマン帝国外伝～愛と欲望のハレム》（直譯為：奧斯曼帝國外傳——愛與欲的后宮）的劇名播放，深得民眾喜愛。

關於這部影集，亦有研究者指出演出內容考證不夠確實，不過在另一個角度，有人對這部影集看不順眼。

那人便是二〇二〇年當下擔任土耳其共和國總統的艾爾多安（當時為首相）。《輝煌世紀》播放前夕，保守派人士不滿劇中描繪蘇雷曼的飲酒及性愛場面，因而向土耳其監督廣播電視節目組織——廣播電視最高委員會（Radyo ve Televizyon Üst Kurulu）提出嚴正抗議。抗議行動愈演愈烈，持相同意見的艾爾多安在影集播放期間的二〇一二年發表聲明，譴責影集導演及播映的電視台。因此，《輝煌世紀》被迫更換電視台，修改故事走向。

蘇雷曼和許蕾姆不愧是鄂圖曼帝國最輝煌時期的人物，看來魅力不減當年。

第四章

錫南——人稱「鄂圖曼米開朗基羅」的天才建築師

賽義德．洛克曼著作《勝利之書》（1566 年作品）中所繪疑似錫南的人物（左）。

1 從原基督教徒奴隸翻身變菁英

「土耳其的米開朗基羅」的真實面貌

百歲人瑞，經手七百多棟建築。

世間少有的天才建築師錫南，不僅在鄂圖曼帝國的伊斯蘭世界建築史上留下輝煌成就，榮獲「建築師」（Mimar）或「偉大的」（Koca）稱號，二十世紀後，亦有人稱之為「土耳其的米開朗基羅」。

十六世紀後半葉，享有當代至高榮譽的細密畫師奧斯曼（Nakkaş Osman）與錫南生於同時期，他在宮廷史家賽義德・洛克曼著作《勝利之書》（Zafername）的插畫中，描繪了一個疑似錫南的人物。據說畫中手拿長尺出席蘇雷曼一世葬禮的人物，便是錫南。這位大師在肖像畫中，擁有濃密的白鬍鬚、碩大的鼻子，用銳利的眼神注視著工匠作業，筆者以為確實掌握了名匠錫南本人的特色。

雖說如此，這個感想可能多少帶有私人偏好。細密畫師奧斯曼如此出名的畫家，只有在蘇丹等重要人物時才會親手描繪，其他畫中人物一般是由弟子處理。因此，這幅畫中，錫南的部分應該是由奧斯曼的弟子所繪，亦有研究者指出，畫中錫南的容貌與其他人物並無明確區分。

現今一般流傳的錫南肖像畫，似乎是根據一九一三年於愛第尼戰爭中去世的西洋畫家哈桑・里扎（Hasan Rıza）的作品繪成。據說哈桑・里扎訪問義大利期間，看到用蝕刻版畫製作的錫南肖像畫，加以臨摹後贈予土耳其研究員，之後廣為流傳，成為各種媒材繪製錫南畫像的範本。當然，沒有證據可以證明這幅畫是錫南真正面貌的肖像畫，里扎所參考的義大利原版畫是何模樣也不清楚。

結果，錫南長相究竟為何，我們似乎也無從得知。

現今流傳的錫南肖像畫一例

儘管是用隱喻的方式，但有一本書，比這些肖像畫描述了更多的錫南「真面目」，那便是他的自傳。

眾所周知，錫南留下了《建築師紀要》（Tezkiretu'l-Ebniye）、《諸建築紀要》（Tezkiretu'l-Bünyan）等自傳。正確來說，是錫南的友人詩人薩伊（Mustafa Sâ'î）用優美詞藻替錫南寫下的口述傳記。在伊斯蘭世界的悠悠歷史中，一名建築師自行編寫傳記實屬前所未有的特例，由此可以看出錫南身為打造一個時代建築大師的驕傲，亦有人說錫南是閱讀布內勒奇（Filippo Brunelleschi）或米開朗基羅等活躍在同一時期的義大利文藝復興藝術家的傳記後，獲得啟發而留下自傳。

雖說是自傳，但經由詩人發揮長才，以華麗文藻修飾，文中絲毫不見錫南的真情流露，實為遺憾。不過多虧自傳的流傳，生於現代的我們才能詳細了解他的生平。

接下來，讓我們主要根據自傳，從這位建築大師的誕生開始說起。

生於基督教家庭

一四九一年左右，錫南生於安那托利亞中部城市開瑟里（Kayseri）鄰村凹魯那斯村（Ağırnas）的基督教徒家中。「錫南」是改信伊斯蘭教後的名字，意思是「矛頭」或「箭頭」。錫南出生時所取的名字沒有流傳下來，有人說他的本名是與「錫南」發音相近的「西米恩」（Symeon）或「西蒙」（Simon）等基督教徒常見的名字，但這些僅止於猜想。

錫南稱父親之名為「阿布杜拉」（Abdullah）或「阿布杜梅南」（Abdülmennan），這些都是改信後的穆斯林用來改稱父親原本名字（應該是基督教聖名）的穆斯林人名，因此不得不說，錫南父親的真實姓名同樣不詳。

總之，錫南在眺望標高近四千公尺高峰埃爾吉耶斯火山（Erciyes Dağı）的凹魯那斯村長大。他原本能以一名基督教徒臣民的身分，平靜地在這個村中度過一生，然而錫南在二十歲時，迎來人生的巨大轉折——謝利姆一世登基後不久，錫南被少年充軍所徵用。

少年充軍是鄂圖曼帝國獨創的人才招募制度，居住在帝國境內的基督教徒被徵招為奴，改信伊斯蘭教，學習突厥語。當中才能出眾的佼佼者會被送入宮廷，成為蘇丹的內侍，踏上前程光明的菁英路線，其他人則是編入又稱六連騎兵隊（Altı bölük halkı，亦稱 Kapıkulu sipahis）的常備騎兵團，或是人稱新軍的常備步兵隊。新軍是一支僅效忠於蘇丹、嚴守紀律的奴隸軍團，他們善用槍砲，是帝國手中的王牌，在當時中東及歐洲所向無敵。

新軍

少年充軍制度始於十四世紀末，原本只在巴爾幹半島實施，於謝利姆一世時期擴大至安那托利亞。錫南被徵用時，已年過二十。照道理，少年充軍本來只徵用年幼少年，錫南可說已經超齡。

少年充軍僅實施在基督教徒身上，因此

錫南為基督教徒這點無庸置疑。

問題出在他的民族歸屬。既然是基督教徒，不是希臘正教徒，便是亞美尼亞教徒。一般而言，前者為希臘人，後者為亞美尼亞人，但問題難就難在，錫南的親屬——據文獻記載，錫南功成名就後，對他們關照有加——當中，不少人擁有突厥裔名字。

因此，亦有學者將錫南視為突厥裔的基督教徒，但是亞美尼亞教徒除了原本身為基督教徒的名字以外，時常會另取一個突厥式的別名，這是眾所周知的事。考慮到這本文獻中有些人名是亞美尼亞裔名字，可以說錫南為亞美尼亞裔的可能性很大，另外也有人堅持他是希臘裔。

結果，沒有一個關鍵證據，可以確定錫南歸屬哪一個民族。

然而不論錫南究竟是哪裡人，對於當時鄂圖曼帝國的人民、以及錫南本身來說，或許都不具意義。鄂圖曼帝國蘇丹確實是突厥裔，帝國官方語言為突厥語，但是包含鄂圖曼帝國在內的前近代伊斯蘭世界裡，重點在於宗教差異，因為只要改信伊斯蘭教，通常不問出身來歷。

成為穆斯林後，人們重視的是能力。這表示，錫南在功績體制（Meritocracy）比同時期歐洲更為發達的鄂圖曼帝國組織中，充分展現他卓越的才能。

2 環遊世界打造七百棟建築

隨著帝國擴張累積軍旅歷練的錫南

經由少年充軍徵用後，錫南被分配到新軍，而非選為內侍前往內廷服侍蘇丹，這一點絲毫不足為奇，因為錫南的才華不是作為內侍展現，而是在遠征或建築現場發揮長才。

錫南在自傳中回憶自己身為一名新軍隨軍遠征的情況。他的軍旅足跡如下——

謝利姆一世時期：

遠征敘利亞、埃及（一五一六至一五一七年，征服統治阿拉伯地區的馬木路克朝）

蘇雷曼一世時期：

攻占貝爾格勒（一五二一年征服）

攻占羅德島（一五二二年征服）

莫哈赤戰役（Battle of Mohács，一五二六年，征服匈牙利）

遠征奧地利（一五三二年。繼一五二九年第一次圍攻維也納之後，接著目標直指維也納，但中途撤退）

遠征伊拉克（一五三四至一五三七年。擊退薩法維朝，確立伊拉克統治權）

攻打科孚島（Corfù）及南義大利（一五三七年）

遠征摩爾達維亞（Moldavia）（一五三八年，擊敗摩爾達維亞）

由此來看，錫南的軍事歷練，可說是伴隨鄂圖曼帝國的日益擴張而累積。錫南跟隨蘇丹親征，轉戰中東及歐洲期間，有機會親眼見證各地建築物，這對錫南日後身為建築師的發展，一定是難能可貴的經驗。甚至有研究者論述，錫南建築的靈感，說不定來自埃及金字塔。

征戰資歷猶新的錫南，並非單純以一介士兵的身分從軍，他亦以隸屬新軍的工兵身分，接受各種訓練，在戰場上充分發揮未來身為建築師的天賦。以下介紹兩則錫南在新軍時期發生的知名軼事。

在一五三四年伊拉克遠征中，鄂圖曼帝國的敵人是東方宿敵薩法維朝。鄂圖曼軍隊在安那托利亞東部、今日土耳其與伊朗國界附近湖面遼闊的凡湖（Lake Van）西岸排兵布陣，窺探對岸的薩法維軍動向，成效卻不如預期。錫南接獲呂特菲帕夏（Lutfi Paşa，日後升任大宰相的政治家，此次遠征時為卡拉曼總督）下令，立即建造三艘排槳戰船（Galley），裝載火藥，偵查凡湖東岸，蒐集薩法維軍情。

一五三八年摩爾達維亞遠征中，普魯特河（Prut River）阻礙鄂圖曼軍隊行進，錫南依舊接獲呂特菲帕夏命令，短短十日內，完成木造橋墩，讓鄂圖曼軍隊成功渡河。呂特菲原希望另建高塔來看守這座橋墩，但錫南提出異議，誇口說道，就算橋墩遭敵軍摧毀，他也能立即重建。

跳脫個人技術，架構組織性的建築網絡

長久以來，阿杰姆・阿里斯（Acem Alisi）擔任宮廷首席建築師一職，當他於一五三七年過世後，呂特菲帕夏推舉受到重用的錫南接任，獲得蘇雷曼一世批准，於是建築師錫南就此誕生。這件事發生在自摩爾達維亞遠征歸國後的一五三九年。自此以後，錫南全心投入就像是「打造」鄂圖曼帝國的工作，直到一五八八年去世。如同錫南研究第一人吉兒魯・奈吉普奧（Gülru Necipoğlu）評論，那大半世紀正是「錫南時代」。

身為宮廷首席建築師，錫南參與了鄂圖曼帝國各地建築，借用他自己的說詞，他打造了：

「八十座大清真寺、四百座以上小清真寺、六十間伊斯蘭經學院、三十二座皇宮、十九座陵墓、

七間古蘭經學校、十七間療養設施、三間醫院、七座橋墩、十五座輸水道、六座倉庫、十九處商隊驛站、三十三間澡堂」（總計六百九十八項建設，不過數字因抄本而略有出入）。

當然，就算錫南是個超凡天才，也不可能獨自一人完整監造近七百棟建築。數量如此龐大的建築物會歸功在錫南名下，其實有它的理由在。

在錫南那一年代，過去仰賴個人技能的宮廷建築師行業被重新組建，形成一個以首席建築師為核心的統一組織。因此，地方建築事業隨後也被併入帝都伊斯坦堡首席建築師領導的網絡中。於是，錫南站在統籌帝國全區建築的立場，參與了各種建設規劃，而那些宣稱錫南參與的建築，應當作包含他未主導的作品在內。

權威象徵的清真寺

錫南經手了三座堪稱蘇丹權威象徵的宏偉清真寺——皇子清真寺、蘇雷曼尼耶清真寺、以及塞利米耶清真寺（Selimiye Mosque）。

蘇雷曼一世與許蕾姆之子梅赫梅德王子，才能幹濟，眾人視為皇儲而寄予厚望，但他卻於一五四三年因病早逝。蘇雷曼為悼念王子，命錫南以梅赫梅德名義建造大型清真寺。於是，一五四八年錫南於伊斯坦堡完成皇子清真寺（參照八四頁）。

卡瓦拉（Kavala）輸水道，錫南受大宰相伊柏拉罕之令所修建。

約十年後，錫南再次受蘇丹旨意，於一五五七年完成冠以蘇雷曼一世之名的蘇雷曼尼耶清真寺。從金角灣艾米諾奴（Eminönü）港這個由海路進入伊斯坦堡的主要出入口，便可遠眺聳立在西邊山丘上雄威的蘇雷曼尼耶清真寺。搭船拜訪伊斯坦堡的人們，不管願意與否，一定會感受到鄂圖曼帝國與蘇雷曼一世的威勢。

蘇雷曼尼耶清真寺的周邊，附設有伊斯蘭經學院、醫院、公共廚房（Imaret，免費分發食物的慈善單位）、公共澡堂等各種功能建物，形成一複合設施（Külliye）區域。雖然當時大清真寺附設複合設施的情況十分常見，但蘇雷曼尼耶清真寺的規模卓越超群。其中，蘇雷曼尼耶清真寺附屬伊斯蘭經學院更榮獲殊榮地位，超越歷來的第一學府——法提赫清真寺附屬學院「八大院」。在這所附屬伊斯蘭經學院任教的伊斯蘭學者，都握有光明前景的保證，是未來伊斯蘭導師（Shaykh al-Islam）或軍事法官（Kazasker）（鄂圖曼帝國宗教職位的前一、二名席次）的候選人。

錫南不僅服侍蘇雷曼，亦向其他皇族大臣施展技藝，其中最具代表性的作品如下：奉許蕾姆后之令興建的聖索菲亞清真寺前大澡堂、冠上米赫麗瑪赫公主名號的兩座米赫麗瑪赫清真寺、及替米赫麗瑪赫夫婿大宰相魯斯特帕夏所興建的魯斯特帕夏清真寺（參照八一頁、一四二頁）。

另外，據傳錫南擁有發掘地下水源及水道的奇特能力，史料將之歸類在超能力的範疇，但想必他是具有某些特殊知識。

錫南應用自己獨有的這項能力，整頓伊斯坦堡水道系統，興建帝國各地的輸水道設備。在蘇雷曼一世時期，錫南奉大宰相伊柏拉罕之令修整的水利建設之一，便是位於希臘東北部城鎮卡瓦拉舊街上的輸水道。

3 柯比意讚譽不絕的塞利米耶清真寺

錫南畢生傑作：塞利米耶清真寺

遲暮之年，錫南幾乎傾盡畢生所學，投入一大事業。

一五六六年蘇雷曼一世駕崩後，由謝利姆二世繼位，於一五七一年成功征服長期受威尼斯統治的地中海東部賽普勒斯島（Cyprus）。從賽普勒斯島掠奪得來的龐大戰利品，成為錫南人生曠世巨作的清真寺——冠上謝利姆二世之名的塞利米耶清真寺——的興建資金。

塞利米耶清真寺的建築，也是錫南企圖超越聖索菲亞清真寺——這個他長年來視為勁敵兼具典範的最大嘗試。

聖索菲亞清真寺原本是拜占庭帝國皇帝查士丁尼一世（Justinianus I，五二七至五六五年在位）於五三七年所興建。以宏偉圓頂為冠的大教堂，展現了拜占庭帝國的輝煌盛世，同時也是世界首屈一指的雄偉建築之一。

一四五三年，鄂圖曼帝國征服者梅赫梅德二世征服君士坦丁堡後，將聖索菲亞大教堂改為清真寺（參照五二頁）。從此以後，居住托卡比皇宮的蘇丹每周五都會在此禮拜，聖索菲亞清真

塞利米耶清真寺

寺遂成為帝國最重要的建築。鄂圖曼帝國的清真寺會有別於以往穆斯林王朝中所興建，以大圓頂為特徵，便是受聖索菲亞清真寺的風格影響。

聖索菲亞大教堂改為清真寺後百年，時序來到錫南時代，聖索菲亞清真寺已成為帝都景觀不可欠缺的一部分。然而，錫南認為這座清真寺原本是出自異教徒之手的教堂，身為穆斯林一員，長久以來他一直都很清楚那是自己必須超越的目標。錫南批判聖索菲亞大教堂圓頂完工後不久隨即崩塌，表示其在結構上有缺陷（實際上，聖索菲亞清真寺的圓頂結構歪斜，歷經多次修繕，才完成今日景象）。

塞利米耶清真寺的興建，一直到謝利姆二世於一五七四年崩殂，由穆拉德三世繼任下一屆蘇丹之位後的一五七五年，才終於在歐洲陸地的古都愛第尼完竣。

錫南在自傳中自誇塞利米耶清真寺超越聖索菲亞清真寺，但若純粹以規模而論，兩者不相上下。

塞利米耶清真寺的圓頂，經測量總直徑為三十一．二二公尺。相對地，聖索菲亞清真寺的圓頂因歪斜而略呈橢圓形，短軸直徑三十．九公尺，長軸直徑三十一．八公尺。

關於圓頂高度，從地面垂直測量，塞利米耶清真寺四十二．五公尺高，聖索菲亞清真寺為五十五．六公尺，後者勝出，但若論圓頂本體高度，塞利米耶清真寺更勝一籌。

柯比意褒揚不已的塞利米耶清真寺的價值

塞利米耶清真寺的價值不只在於宏偉，還包含內部設計。

踏入塞利米耶清真寺，迎面而來的開放空間讓人嘖嘖稱奇，和擁有多面牆壁及梁柱的聖索菲亞清真寺形成強烈對比，而與空間寬廣的蘇雷曼尼耶清真寺，以及出自錫南弟子賽德夫卡．梅赫梅德阿（Sedefkar Mehmet Ağa）之手的蘇丹艾哈邁德清真寺（Sultan Ahmed Mosque，通稱藍色清真寺）相比之下，塞利米耶清真寺所呈現的空間更顯突出。蘇雷曼尼耶清真寺與蘇丹艾哈邁德清真寺，殿堂內皆作四支巨大梁柱，作為支撐圓頂的結構。相形之下，塞利米耶清真寺則透過精

塞利米耶清真寺內部的開闊空間

巧的平衡設計，藉由牆面分散圓頂重量，因此殿堂內不具任何獨立的支柱（但有緊貼牆面的梁柱），於是得以擁有視線不受阻礙的遼闊空間。塞利米耶清真寺的另一個特色是陽光從鑲嵌在牆上的多面窗戶傾瀉而下，把殿堂照得通亮。

此外，塞利米耶清真寺擁有四座超過八十公尺的宣禮塔（Minaret），此高度在當時的伊斯蘭世界裡無與倫比。今日從跨越國境的希臘遠端，依舊可以遙望塞利米耶清真寺和宣禮塔聳立在高丘上的雄姿。愛第尼也是當時遠征基督教圈的起點，因此塞利米耶清真寺在鄂圖曼帝國時代，勢必大力鼓舞了遠赴聖戰的鄂圖曼軍隊。

二十世紀建築師代表之一的勒・柯比意（Le Corbusier，瑞士－法國建築師因設計日本上野國立西洋美術館而聞名），評論塞利米耶清真寺猶如「愛第尼的宏偉皇冠」，是值得讚許為錫南畢生傑作的建築物。

一般認為錫南曾經說過：「皇子清真寺是老夫身為學徒時的作品，蘇雷曼尼耶清真寺是余

錫南墓園

為工匠時的作品，塞利米耶清真寺則是余為工頭時的作品。」然而這句話是根據後世史料所創作出來的說法，並非出自錫南之口，且容筆者補充一句，錫南自一五三九年起便擔任首席建築師，此句內容與事實不符。

錫南之死

錫南完成塞利米耶清真寺後不久，於一五八八年逝世，若以西曆計算，享年約九十七歲，若以一年約三百五十四天的伊斯蘭曆計算，則享年一百歲。這名服侍三代蘇丹的巨匠，被埋葬在修建於蘇雷曼尼耶清真寺一旁的小墓園裡。葬在伊斯坦堡城牆裡被視為一種特權，這是錫南生前事蹟獲得表揚的結果。

經由少年充軍制度徵用的少年通常會與

故鄉失去聯繫，然而錫南被徵用時已超過二十歲，所以想必他還保有對家鄉的回憶。錫南在升任宮廷首席建築師功成名就之後，與家鄉親人依舊保持著聯繫，他不僅協助基督教徒的外甥改宗，當基督教徒的親屬被納入強制搬遷賽普勒斯島的名單時，還四處懇請撤銷。

關於錫南的子嗣，目前知道他至少生養一男一女，但兒子比錫南早逝，估計是從軍戰死沙場，女兒也在錫南生前死去，據說留下兩個孫子。

錫南之於土耳其共和國民族主義的騷動

二十世紀初的研究者稱錫南為「鄂圖曼的米開朗基羅」，鄂圖曼帝國滅亡，土耳其共和國建國後，他更被稱為「土耳其的米開朗基羅」。在新生的土耳其共和國中，錫南被定義成土耳其民族的傑出英雄。

欲將錫南尊為土耳其共和國的民族英雄，其民族歸屬的模稜兩可便成了致命傷。土耳其共和國是由一個不認可多民族、多宗教的鄂圖曼帝國，以土耳其民族主義為國策所建立的國家，因此錫南必須是土耳其民族。有關錫南的民族歸屬，如同前文──「無法斷定」是目前研究者的普遍見解。然而，土耳其共和國建國初期的研究學者們，為了「證明」錫南是土耳其民族，用盡千方百計，超乎世人想像。

其一，某研究家涉嫌竄改抄本，捏造錫南的出生。

十八世紀，歐爾菲・馬木德阿（Örfi Mahmud Ağa）撰寫了一本《愛第尼史》（Tārīkh-i Edirne），其中某份抄本在空白處寫有這段文字：「錫南祖父是凹魯那斯村的木匠師傅，名叫杜岡・尤瑟夫阿（Dogan Yusuf Ağa），此乃突厥裔人名。錫南在被少年充軍徵用前，據說曾在祖父門下進修學習。」如此具體描述錫南年少時期的「史料」內容十分引人入勝，在土耳其共和國初期廣為人民接納。

然而，一九五一年有匿名者告發，這段空白處的內容並非自古留下，而是土耳其共和國初期著有多篇錫南論究文章的里法特・奧斯曼貝伊（Rıfat Osman Bey）所加註的文字。然而，重要的當事人里法特・奧斯曼已於一九三三年去世，他所持有的抄本早已不翼而飛，無從查證。

如今學術研究人員一致認同，這段文字實屬杜撰。然而，穆斯塔法・凱末爾的養女阿菲特・伊楠（Afet İnan）為歷史研究員，她於一九六八年編寫的錫南相關學術書籍中，將這段空白處的加註文字當作史實記載來論述。

從頭蓋骨長度「鑑定」錫南的種族

第二項則是不亞於前文、轟動社會的一大嘗試。一九三五年，阿菲特・伊楠主導的團隊，

矗立在安卡拉大學校區內的錫南雕像

為了證明錫南是土耳其人，竟開挖墳墓，取出他的頭蓋骨，送驗鑑定。

想當然耳，一九三〇年代當下，沒有今日基因（DNA）鑑定如此先進的技術，他們打算藉由測量頭蓋骨的長度，來證明錫南屬於哪個種族。

對此，容筆者稍作說明。當時在土耳其，有一學說提倡人類可根據頭蓋骨形狀，區分成「短頭骨種族」及「長頭骨種族」，並為此調查了六萬四千多個人體骨骸。該學說宣稱，土耳其人屬於前者的短頭骨種族，比後者更為優異。當然，從今日學術標準來看，全然是無稽之談，但這番種族理論，是當時歐洲最為先進的學術潮流。

測量頭蓋骨的結果，錫南正式「被證實」

為土耳其人。有鑑於此，穆斯塔法・凱末爾下令於蘇雷曼尼耶清真寺地區興建錫南紀念設施，並製作錫南雕像（然而，紀念設施的建設未能實現，雕像則於一九五四年完成，現在可在安卡拉大學語言歷史地理學系瞻仰錫南英姿）。

這段珍奇軼事還有後續。量完錫南頭蓋骨多年後，為了修繕作業，再次開棺，卻不見應安置在其中的頭蓋骨。前一段「調查」之後，頭蓋骨沒有歸回墓塚，反而就此遺失。近幾年，土耳其再次大肆報導這起事件，成為一大醜聞。二〇一六年當時的總理——正義與發展黨艾哈邁德・達夫托葛魯（Ahmet Davutoğlu）斥責，此乃「我國史上一大污點」，下令徹查。在今日正義與發展黨政權底下，土耳其共和國早期實行的極端民族政策時常被端上檯面，成為撻伐的眾矢之的。然而這類的批判，與其說是學術論點，政治鬥爭道具的色彩似乎更為強烈。

儘管三百五十年的安眠被人打擾，但無庸置疑的是，錫南不僅是土耳其或鄂圖曼帝國豪傑，更是代表伊斯蘭世界的英豪。或許，我們可以說流傳至今的眾多建築，才是他真正的塚墓。

專欄二

非穆斯林──宗教共存的真相

長久以來，論及伊斯蘭世界歷史，有一個名詞已經漸成關鍵字──「宗教共存」。伊斯蘭教將同樣信奉一神教的基督教徒、猶太教徒界定為「有經者」（People of the Book），穆斯林王朝按此規定，給予非穆斯林庇護（Dhimmah），並在一定限制下，保障其生命安全及宗教自由。「一定限制」指的是繳納丁稅（Jizya）、限制參與政治、禁止新蓋教堂、衣物必須別上得以辨識非穆斯林的標記等。

儘管有上述限制，但明訂共存條件，對於異教徒來說，那已是一個相對舒適的社會，這一點毫無疑問。舉例而言，在中世紀歐洲，基督教政權的西西里王國（Kingdom of Sicily）是一個擁有許多穆斯林居民的國家。然而在西西里，穆斯林最終會走上被放逐及同化的道路，這與基督教徒、猶太教徒的共同體未曾消滅，而一直延續到近代的伊斯蘭世界有著十分明確的差異。十五世紀末，隨著收復失地運動（Reconquista）塵埃落定，西班牙基督教徒將猶太人驅逐出境時，眾所周知當時他們選擇移居鄂圖曼帝國作為安身之地。

鄂圖曼帝國也繼承了穆斯林王朝的傳統，提供異教徒共同體自治權。而且，鄂圖曼帝國和其他穆斯林王朝，有一個截然不同的特色：這個以巴爾幹半島為中心發展的國家，與其他穆斯林王朝相較之下，非穆斯林占有絕對多數的比例。儘管有地區及時代上的差異，但以帝都伊斯坦堡為例，約有一半居民為非穆斯林。在穆斯林王朝，薩法維朝及馬木路克朝都曾發生過國家迫害異教徒或強制改宗的情況，但在鄂圖曼帝國，非穆斯林的迫害都不如兩王朝嚴重，這完全是因為在鄂圖曼帝國的歷史背景中，非穆斯林的存在重大意義的影響所致。

因此，鄂圖曼帝國在某程度上實現了宗教共存的説法是正確的，但有一點必須澄清——鄂圖曼社會絕非一個平等社會。依照伊斯蘭教的規定，非穆斯林始終處於劣勢。十九世紀所追求的「鄂圖曼主義」，雖然講求不分宗教，給予所有臣民平等權利，但尚未完全實現，帝國便走向滅亡。不僅要實現共存，還要達成平等，這對今日國家來説，仍是一項艱鉅課題，鄂圖曼帝國也不例外。

第五章 珂姍——慘死後宮的「最偉大皇后」

皇后珂姍，胸前懷抱的幼兒，是她的皇子穆拉德或易卜拉欣。十七世紀作品。

1 超越許蕾姆，帝國史上最有權勢的女人

被描繪成猶如聖母瑪利亞的伊斯蘭帝國皇后

一個肌膚雪白的貴婦人，身穿華麗衣裳，恬靜地直視前方，裸露的右胸前，一名孩童穿著與年齡不相稱的華美錦衣，含啜著乳房。

毫無疑問的，這幅畫是仿效西洋藝術家描繪過無數次的聖母瑪利亞和耶穌肖像，不過在另一方面，母子身上所佩戴的頭飾及鞋子設計，透露這兩人是伊斯蘭世界顯貴。

這名不是聖母的女子，名叫瑪琵格（Mahpeyker），「珂姍」這個外號，或許更為耳熟能詳。在十七世紀前半葉的鄂圖曼帝國，成為後宮之主，叱吒風雲半個世紀，人稱「最偉大皇后」（Valide-i Muazzama），指的便是珂姍。畫中的嬰孩，應該是她的兒子穆拉德或易卜拉欣（Ibrahim）。

珂姍是十七世紀初蘇丹艾哈邁德一世（Ahmed I，一六〇三至一六一七年在位）的皇后。艾哈邁德一世死後，曾由其王弟穆斯塔法一世（一六一七至一六一八年、一六二二至一六二三年在位）及與其他妃子所生之子奧斯曼二世（一六一八至一六二二年在位）短暫統治，之後便由珂姍之子

穆拉德四世（一六二三至一六四〇年在位）和易卜拉欣（一六四〇至一六四八年在位），以及孫子梅赫梅德四世（一六四八至一六八七年在位）相繼繼位。珂媺以三位蘇丹的母后及太后身分，掌握大權。

且容筆者介紹這幅畫的來歷。

一六二八年，神聖羅馬帝國皇帝費迪南二世（Ferdinand II，一六一九至一六三七年在位）派遣使節前往鄂圖曼帝國，使節團在帝國停留八個月。這段期間，大使帶了數名畫家，命他們以鄂圖曼帝國為題材，畫了多幅畫作，其中一件作品，便是這幅珂媺肖像畫。

當然，珂媺不可能以這等不成體統的姿態當模特兒，就連畫家是否曾直接拜見珂媺，也令人懷疑。所以，我們不得不說，這幅畫基本上是畫家想像的產物。

不過，這位畫家為外交使節一員，居住在同時期的伊斯坦堡中，與鄂圖曼帝國政治家或多或少應有往來，關於珂媺的容貌，想必也聽過一些傳言。

畫家或許沒有料到，仿《聖母子》繪成的這幅畫，竟成了歷史的嘲諷。畢竟，珂媺一生充滿了陰謀及血腥，和聖母瑪利亞毫無共同點。

珂媺的權勢甚至超越名聲響亮的蘇雷曼一世寵妃許蕾姆。身為鄂圖曼帝國史上最強勢且掌權期間最久的女性，珂媺，又歷經了什麼樣的人生？

鄂圖曼帝國的巨變——廢除誅殺手足制度

珂姍大放異彩的十七世紀，正是鄂圖曼帝國國情產生巨大轉變的年代。為了了解珂姍動盪的一生，且容筆者說明鄂圖曼帝國在這一時期所歷經的王位繼承和權力結構的轉變，以此前情概要。

王位繼承的重大變化，便是廢除誅殺手足制度。

在鄂圖曼帝國，為了防範未來爭奪王位於未然，按照慣例，新上任蘇丹會將所有兄弟及其子嗣處以死刑。這項制度於梅赫梅德二世時納入法制，於是在穆拉德三世（一五七四至一五九五年在位）及梅赫梅德三世（一五九五至一六〇三年在位）即位時，實際各有五名及十九名王子被推上斷頭台。當時伊斯坦堡的人們，望見梅赫梅德三世年幼兄弟那漫長的送葬隊伍，無不潸然淚下。儘管明白這是為了防止鬥爭的慣例，但對於一般民眾情感的自然流露，誅殺手足依舊是令人難以接受的悲劇。

梅赫梅德三世意外因病早逝，繼承其位的艾哈邁德一世年方十三，尚無子嗣。或許是因為不清楚艾哈邁德能否傳宗接代，故而破例，留下艾哈邁德王弟穆斯塔法一條活命。過不久，艾哈邁德生下王子後，穆斯塔法依舊被軟禁在後宮一室，大概是因為他患有精神疾病的緣故。

於是，歷來誅殺手足的慣例終於被打破，然而在十七世紀前半葉，尚未完全廢除。雖然新蘇丹即位時，不再自動處決手足，但還是經常發生伺機處死的情況。

權力結構的重大改變，造成蘇丹以外的人物掌控權力，形成黨派，參與國政。

鄂圖曼帝國在蘇雷曼一世時期以前，蘇丹一人握有絕對權力，然而自十六世紀後半葉開始，隨著國家組織發展愈發錯綜複雜，蘇丹的權力相對地隨之消退。在宮廷上，自從後宮搬遷至托卡比皇宮，蘇丹皇后或統籌後宮的黑人宦官長勢力急速增長。大宰相身為蘇丹的絕對代理人，依舊是帝國一人之下的權威人士，但謀取這一職位的政客們，彼此卻成了競爭對手，明槍暗箭、相互鬥爭。以伊斯蘭導師為首，統轄帝國司法和宗教部門的宗教官僚，他們的存在及發言權也愈來愈擴張。

艾哈邁德一世。勒弗尼畫作，節錄自《大族譜圖文集》。

這些有權人士不斷運用手段，時而連橫、時而合縱，結成黨派，有時還聯合常備騎兵團或新軍等軍事力量，起兵造反。少年充軍制度逐漸停擺，身分自由的穆斯林靠門路成為登記在冊的新力軍。

十七世紀，城市叛亂頻傳，混亂之中，蘇丹甚至慘遭謀殺，而這些權力鬥爭，恰巧與珂姍的人生軌跡相互重疊。

珂婀登場——艾哈邁德一世時期

和後宮其他女子一樣，珂婀也是以女奴身分進宮。長久以來，她的身世始終是未解的謎團。有人說她是南斯拉夫民族的波士尼亞人（Bosniaks），也有人說她是東方切爾克斯出身。

然而，近幾年的研究認為，珂婀原本是居住於散布在愛琴海上的基克拉哲斯群島（Cyclades）中，約莫是提諾斯島（Tinos）的正教徒。當時，包含克里特島（Crete）在內的愛琴海諸島，尚未被納入鄂圖曼帝國版圖。克里特島為威尼斯重要據點，防備堅固，提諾斯島一類的小島則不盡然。珂婀似乎是在提諾斯島被海盜綁架後，送往波士尼亞總督處。波士尼亞總督見珂婀才貌雙全，遂將之獻進蘇丹後宮。

據說她的本名取自基督教聖人，名為「安娜塔西亞」（Anastasia），但這來自後世史料記載。珂婀和許蕾姆及錫南一樣，基督教徒時的聖名應該都視為不詳。

進入後宮後，她得到的名字是瑪琵恪，大概是取自她的相貌，意思是「花容月貌」。

然而，瑪琵恪贏得艾哈邁德一世寵愛之後，漸漸得到另一個稱呼——珂婀。珂婀意指率領羊群的領頭羊，或是在羊隻互鬥的競技中出場比賽的鬥羊。身為後宮女主人，再也沒有比這個稱號更適合她了。

一六〇三年艾哈邁德一世即位，年十三歲。即位之初便臨幸多名愛妃，努力生子，竭盡蘇丹職責。然而，登基後不久，珂姍便被進獻入宮，從此艾哈邁德逐漸鍾愛珂姍一人。珂姍不僅貌美，更是才德兼備、身段優雅，據說她還擅長歌藝，更因此博得蘇丹歡心。

珂姍生年不詳，不過應該與一五九〇年生的艾哈邁德年齡相仿。對年輕的蘇丹來說，珂姍或許就像無須顧忌的好友或傾訴對象。

艾哈邁德對珂姍的一往情深，可從兩人正式成親一事窺探一二。誠如筆者在許蕾姆章節所言，再如何受寵，女奴出身的妃子與蘇丹正式成婚，實屬罕見（參照七八頁）。關於艾哈邁德與珂姍的婚姻，鄂圖曼帝國史家隻字未提，就如同他們對待蘇雷曼一世與許蕾姆的婚事一般，三緘其口。不過，近幾年的研究發現，珂姍日後寄往威尼斯的書信中，曾提及兩人正式成親一事。

據說艾哈邁德贈與珂姍一副耳環，價值連城，足以匹敵帝國最重要財稅來源、埃及州的整年賦稅。艾哈邁德與珂姍育有七名王子及四位公主（人數眾說紛紜），由此亦可看出，年輕的兩人，夫妻生活相當圓滿。

鄂圖曼帝國史上首次弟承兄業

蘇丹艾哈邁德一世雖然在內政外交上沒有顯著政績，但以興建蘇丹艾哈邁德清真寺（通稱藍色清真寺）聞名。執掌興建的建築師，是名匠錫南的弟子賽德夫卡・梅赫梅德阿。和聖索菲亞清

蘇丹艾哈邁德清真寺

真寺對望的蘇丹艾哈邁德清真寺，如今是伊斯坦堡最受歡迎的觀光景點，熙熙攘攘好不熱鬧。

一六一七年，艾哈邁德一世年僅二十七歲便英年早逝，繼承其位者，並非艾哈邁德之子，而是遭人幽禁的弟弟穆斯塔法，登基成為穆斯塔法一世，此乃鄂圖曼帝國史上第一次由王弟繼承兄位。

珂姍離開托卡比皇宮的後宮，搬遷至人稱「淚宮」的舊皇宮。昔日蘇丹後宮的舊皇宮，在十六世紀後半葉，因托卡比皇宮增設後宮，轉變成在位蘇丹生母以外的先王寵妃們的居所。

然而，穆斯塔法一世因精神衰弱，無法負荷一國之主的重責，即位九十六日後，王位易主，奧斯曼二世登基。奧斯曼二世雖為艾哈邁德一世之子，但生母並非珂姍，而是名為瑪夫茲可敦（Mahfruz Hatun）的妃子。瑪夫茲在奧斯曼二世繼位後不久便離世。

奧斯曼二世十三歲即位，因而獲得「年輕奧斯曼」（Genç Osman）的綽號，是一位滿腹改革理想的蘇丹。然而，奧斯曼推行軍事改革，倉促又魯莽，反招致新軍怨恨。於是新軍起身叛變，擒拿蘇丹，最終發展成弒君的暴行。此乃鄂圖曼帝國史上首次弒君行動。

取而代之的，穆斯塔法一世二度登基，但依舊無法承擔蘇丹職責，一年多後再次退位，由艾哈邁德一世與珂姍之子穆拉德皇子繼承大統。

2 瘋癲蘇丹母后，權傾後宮

首位女性擔任蘇丹「攝政」，執掌國政

一六二三年穆拉德四世即位時，年方十一，是歷來蘇丹中最年輕登上帝王寶座的君主。

全副武裝的穆拉德四世

皇子登基後，珂姍得以名正言順地從舊皇宮重返托卡比皇宮，不料危機即刻來襲。蘇丹交替時，按以往慣例，新軍都會獲得一筆賞金，但不知是否因為短期內多名蘇丹交替即位，致使國庫拮据，銀兩不足。要是新軍得知滿心期待的獎金終將落空，隨時可能心生不滿而發動叛亂。在如此一觸即發的局面下，珂姍將皇宮中珍藏的大量財寶送往造幣廠，下令緊急趕製錢幣，以作為交接賞金。

珂姍靠著智謀度過新蘇丹加冕難關，成為年幼穆拉德四世的奈夫（Nā›ib），掌管國政。奈夫原本的意思是代理人，在此應解釋為「攝政」。珂姍是唯一公開名為蘇丹奈夫的女性。

珂姍攝政持續了約莫十年。一六三二年，穆拉德四世年滿二十，取得新軍支持，鎮壓暴亂的常備騎兵團，藉此擺脫母后的掌控，親理朝政。

鄂圖曼帝國歷代蘇丹的肖像畫，多半是圍著頭巾、身穿長袍的姿態。在那之中，有一人卻是被描繪成鎧甲武士，那人便是穆拉德四世。這副裝扮是根據史實所繪製，穆拉德遠征後，打破慣例身穿盔甲，光榮凱旋。穆拉德四世擁有出眾的軍事天賦，二度遠征東方，與薩法維朝對戰，奪回巴格達，並攻下葉里溫（Yerevan，今日亞美尼亞首都，然而穆拉德四世駕崩後便遭奪回），因而獲得「東方之王（Şarkın Sultanı）」或「當代亞歷山大大帝」的讚譽。

關於穆拉德四世的英勇本領，流傳著各種傳說故事。穆拉德在前進東方的行軍中，為了救助溺水的部下，驅馬涉水進入河道，抓住部下後頸，扔上河岸因而得救。另外亦有謠傳，奧地利大使進獻十面盾牌作為貢禮，穆拉德用旗幟刺穿禮品後，退還了回去。

然而，穆拉德四世年幼時身體孱弱，儘管成年後勇猛事蹟頻傳，背後依舊時常生病。也許正因為如此，珂姍時常寄送書信，叨唸兒子不懂養生，擔憂他的健康。這般因兒子不聽勸告而感到沮喪，彷彿尋常可見的母子互動，令人莞爾。

處死宗教最高職位的伊斯蘭導師

穆拉德四世開始親政後，珂姍並未完全抽手不理國政。穆拉德四世遠征期間，仍由珂姍在伊斯坦堡擔任代理人。

從一六三四年發生的事件可以窺知，穆拉德四世與珂姍平時便保持密切聯繫。穆拉德四世出巡布爾沙時，曾欲處死在途中伊茲尼克冒失無禮的地方法官（qadi）。一位伊斯蘭導師聽聞此事後，懇求珂姍居中調停，珂姍立刻警告兒子有伊斯蘭導師介入。穆拉德四世獲得消息，返回伊斯坦堡後便下旨處死該伊斯蘭導師。宗教最高職位的伊斯蘭導師遭帝王處刑，這在鄂圖曼帝國史上還是第一次發生。

穆拉德四世對待民眾，也是出了名的嚴厲。

穆拉德認為，風紀敗壞是叛亂的根源，因此以違反公共秩序與善良風俗為由，關閉當時伊斯坦堡盛行的咖啡館，並嚴格取締菸酒。亦有傳聞指出，他曾私下喬裝，與部下一起在伊斯坦堡街上巡邏，手斬違反者。穆拉德四世的政策受當時興起的卡迪札得派（Kadizade）影響，卡迪札得派是所謂原教旨主義（fundamentalism）的宗教團體。

然而，穆拉德四世本身嗜酒，也不會在齋戒月（Ramadan）斷食，甚至還留下讓同為愛酒人羨慕不已的軼事。——穆拉德明文下旨，將今日依舊知名的波加島（Bozcaada）產紅酒定為蘇丹御用酒。他的私人生活，與宗教的嚴格主義似乎無緣。

穆拉德四世親理朝政後，伺機處死了三名兄弟——蘇雷曼、巴耶濟德及卡西姆（Kasim），想必是將三人視為政權上的威脅。三人當中，蘇雷曼與卡西姆為珂姍親生。至於珂姍對愛子被處死一事做何感想，史料並無記載。

據說穆拉德四世非常喜愛義大利文人尼可洛・馬基維利（Niccolò Machiavelli）的著作《君王

論》（The Prince）的突厥文譯本。穆拉德身為君主苛刻無情的舉動，或許是受馬基維利影響也說不定。

一六四〇年，穆拉德四世以不到三十歲的年紀，因病早逝。多年以來，穆拉德四世一直以東方為戰場，這時正是他要以滿腹自信走向西方的時候。此刻的歐洲正值三十年戰爭時期，穆拉德四世若能實踐西方遠征，此後的西洋歷史勢必有截然不同的局面。

穆拉德四世雖然至少誕下四子，但全數夭折。據說他不喜與後宮女子親近，反而寵愛一名叫穆薩切勒比（Musa Çelebi）的內侍。或許正因為如此，穆拉德統治後期，似乎根本沒有生繼承人的打算。

穆拉德四世臨死前，在床榻上對下屬傳令，處死王弟易卜拉欣。易卜拉欣是當時除穆拉德以外，奧斯曼王室碩果僅存的男子。換言之，易卜拉欣的死刑，意味著奧斯曼王室從此絕後。穆拉德四世似乎期望由克里米亞汗國王子、或是他的親信穆斯塔法繼承王位，但這究竟是他垂死前的精神錯亂？抑或判斷易卜拉欣無能承擔王位重責？

然而，處死易卜拉欣的命令最終被珂姍阻擋了下來。珂姍將易卜拉欣藏匿在後宮地底，躲過穆拉德所派劊子手的耳目。奧斯曼王室在那之後得以存續得長長久久——若不計王室身分，還可追溯至現在——珂姍功不可沒。

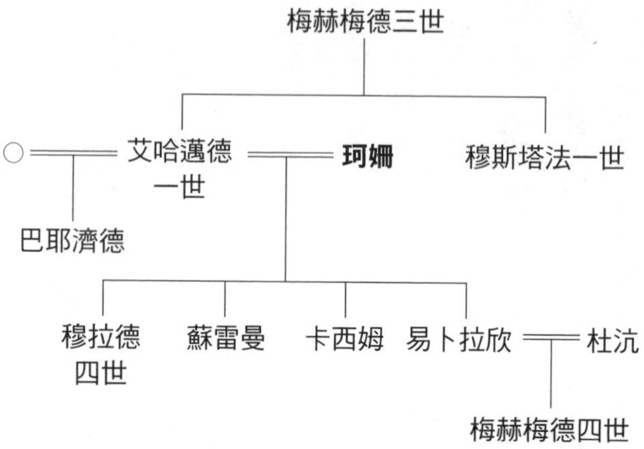

珂姍母子系譜

人稱「瘋癲蘇丹」的易卜拉欣

於是，穆拉德四世在彌留之際的「神智不清」後駕崩，由二十四歲的易卜拉欣繼位。二十世紀初的歷史學家，給蘇丹易卜拉欣取了個「瘋癲蘇丹」（Deli Ibrahim）的綽號。易卜拉欣性喜高貴黑貂皮草，奢侈浪費，將親生子丟入池塘等，以舉止怪誕不經聞名，堪稱象徵鄂圖曼帝國在十七世紀「衰退」，最具代表性的蘇丹。也有人說，正因他不受歡迎，所以後世蘇丹無人繼承「易卜拉欣」之名。

誠如同時期的編年史家所言，易卜拉欣在王位上確實總是展現躁動不安分的模樣。然而，論其嚴重程度，估計遠比穆斯塔法一世或後世的穆拉德五世（一八七六年在位）輕微許多。易卜拉欣的瘋癲情況若真的嚴重到無法承擔蘇丹重責，應該早就像穆斯塔法一世或穆拉德五世一樣遭到罷黜。易卜拉欣在位長達八年，統治前半期相對穩定，若沒有與威尼斯爭奪克里特島發生戰事，也許會持續更久。

易卜拉欣一開始對女性不感任何興趣，這對王朝存續來說是一大隱憂。然而易卜拉欣登基後，包含珂姍在內，高官們將女奴一個個送進後宮，轉眼間誕下多名王子，姑且解除了奧斯曼王室無後的危機。據說易卜拉欣的後宮至少有十五名寵妃。

在這興盛的後宮中，執掌大權之人，還是珂姍。沙珂帕蕾可敦（Şekerpare Hatun）這名妃子因受易卜拉欣寵愛，勢力壯大，珂姍遂命人毆打，驅逐後宮。

易卜拉欣對母后這般介入，似乎感到不快。有一日，他命珂姍喬遷羅德島，此乃實質上的流放。最後，珂姍雖然沒有真的移居羅德島，但取而代之的是，暫時搬遷至距離托卡比皇宮遙遠一端的耶希爾柯伊（Yesilköy，伊斯坦堡西部）。

在位晚期，易卜拉欣寵愛呼瑪夏妃（Hümaşah Sultan），甚至正式結婚。據說兩人婚後，易卜拉欣便不再理會其他妃嬪。

珂姍與易卜拉欣兩人之間的不和，似乎逐漸加劇，珂姍心中甚至擔憂兒子會痛下殺手。

易卜拉欣統治後半期，因與威尼斯爭奪克里特島，社會動盪不安，人民對蘇丹的不滿情緒高漲。一六四八年，大宰相亟欲課徵臨時稅，引起新軍長反抗，甚至牽連伊斯蘭導師，群起暴動。易卜拉欣罷免大宰相，以期平定這場風波，但事態愈演愈烈，反叛者提出廢黜易卜拉欣的要求。珂姍起初反對廢黜蘇丹，最終妥協。易卜拉欣被廢位後不久，便遭處死。

3 後宮明爭暗鬥後的下場

與敵手杜沆妃的暗鬥——珂姍之孫梅赫梅德四世時期

珂姍之孫梅赫梅德，接替易卜拉欣之後登基，成為梅赫梅德四世。即位年紀比穆拉德四世更年幼，還只是個六歲孩童。

失去皇后身分的珂姍，理應遷出托卡比皇宮的後宮，搬至舊皇宮居住，但因蘇丹年幼，梅赫梅德四世生母杜沆亦年僅二十一歲，因此珂姍繼續待在托卡比皇宮，擔任新蘇丹的監護人。

在易卜拉欣接連被廢黜及處決的混亂之中，珂姍讓一手培育的下屬任職大宰相，重用宗教信奉嚴格主義（Rigorism）的卡迪札得派等人，擴展勢力。人稱「最偉大皇后」的珂姍，甚至沿襲先知穆罕默德妻子的稱號——「信徒之母」（Umm al-mu’minin）。此乃仿照全穆斯林領袖哈里發頭銜「信徒之長」（Amir al-Mu’minin）而來，當然鄂圖曼帝國蘇丹亦以此頭銜自居。亦有人將珂姍直接比喻為穆罕默德的妻女，稱之為「當代法蒂瑪」（Fatimah）、「現代阿伊莎」（Aisha）。

珂姍的權勢看似達到了頂峰，然而在這當中，痛恨珂姍專制獨裁的一群人，漸漸地投靠杜沆一派。杜沆為烏克蘭人，擁有湛藍色的眼睛，雪白肌膚，褐色秀髮，因遭克里米亞汗國襲擊而成為奴隸，換言之她與許蕾姆背景雷同。當時為了與珂姍做區分，眾人稱杜沆為「小皇后」。

梅赫梅德四世生母——杜沆

面對杜沆派的崛起，珂姍備感威脅，因而計謀廢黜梅赫梅德四世，另立梅赫梅德四世的異母兄弟蘇雷曼即位，因為珂姍認為，蘇雷曼的生母比杜沆更容易對付。

後宮唯一被殺害的皇后

一六五一年九月二日，珂姍密傳幫手進宮，預謀暗殺梅赫梅德四世的前夕，遭身邊侍女背叛，將行刺陰謀洩漏給杜沆派。杜沆派匆忙率兵闖入托卡比皇宮，捕獲珂姍，施以絞刑。處決奧斯曼王室貴人時，作法是死不見血。當時的凶器，有人說是窗簾的綁繩，也有人說是珂姍自己的長髮。

彈指之間，珂姍敗於後宮的暗鬥。

珂姍成為鄂圖曼帝國史上唯一在後宮被人殺害的皇后。珂姍遇害的房間，從此燭火不熄，彷彿為了祭弔亡者，直到托卡比皇宮的後宮永久緊閉那一天。生前人稱「最偉大皇后」的珂姍，死後被喚為「被殺的皇后」。

珂姍的遺骸埋葬在先夫艾哈邁德一世旁，如果她與艾哈邁德一世為同一世代，享年估計約六十歲。

收受賄賂，賣官鬻爵等中飽私囊的行為，對珂姍來說是家常便飯，也因而飽受同時代史家們的批判。然而，在前近代社會中，手續費和賄賂的界線模糊不清，至少珂姍不是個吝嗇之人。她和其他皇族女子相同，經常在包含伊斯坦堡在內的帝國各地捐獻宗教基金，其金額在歷代皇后中也能躋身前三名。伊斯坦堡亞洲區、烏斯庫達（Üsküdar）地區的彩磚清真寺（Çinili Mosque）與附設複合設施，都是珂姍捐獻所興建的代表範例。

亦有傳聞她曾暗訪監牢，替那些無法償還借款而入獄的人們還債，不管史家的評價如何，珂

後宮光景，由本章開端介紹的珂姍像的同批畫家所繪製。

姍深受民眾愛戴這點無庸置疑。

杜沆雖然打敗珂姍，成為後宮之主，但她對於權力的欲望似乎沒有珂姍來得強烈。一六五六年，發生威尼斯封鎖達達尼爾海峽（Dardanelles）的緊急事態時，杜沆全權委託大宰相庫普魯律・梅何美特帕夏（Köprülü Mehmed Pasha，任期一六五六至一六六一年），命其解除國家危機。這位年近八十的老翁，不負杜沆期待，摒除內憂外患，成功鞏固帝國朝局。其子法茲・艾何美特帕夏（Fazl Ahmed Pasha）同樣才能兼備，繼承父業，任職大宰相（任期一六六一至一六七六年）。鄂圖曼帝國便是在庫普魯律時代，達成最大版圖的成就。

最後，讓我們來回答一個問題：是否因為

珂姍是個善於心計的蛇蠍女，所以才能掌控如此強大的權勢？

或許，她確實有那麼一面，但事情並非如此簡單。珂姍活躍的年代，恰好是十六世紀後半葉後宮遷移，使得蘇丹後宮與政治中心的托卡比皇宮比鄰，形成一種後宮中人得以輕易影響朝政的情勢。換言之，珂姍的權勢，是來自十六世紀後半葉帝國結構產生變化的結果。

然而，大約百年後的十七世紀後半葉，自從大宰相庫普魯律・梅何美特帕夏展示強勢的政治作風後，權力中心便從托卡比皇宮轉移到大宰相府。十七世紀後半以降，後宮女子之所以不再出現在政治舞台上，大概是源自這樣的國政轉移背景。

總之，後宮參與國政的時代，已隨珂姍死去而告一段落。

《輝煌世紀》續集主角

有別於自當代名聲便傳遍歐洲因而成為諸多戲曲題材的許蕾姆，珂姍鮮少成為他人創作的對象。就連肖像畫也一樣，儘管有不少關於許蕾姆的作品，但本章開頭所介紹的珂姍像，卻是她的少數作品之一。

二十世紀後，土耳其歷史學家阿和梅・勒菲克（Ahmet Refik Altınay）出版了一本大眾取向的歷史書《女人的天下》（Kadınlar Saltanatı），雷沙・艾克連・柯祖（Reşad Ekrem Koçu）則著有小說《珂姍蘇丹》（Kösem Sultan）。這些創作文筆豐沛，以珂姍為主軸，描述後宮女子生氣蓬勃的年代，至今依舊擁有廣大讀者。然而，相較於蘇雷曼一世等人活躍的上一個世紀，十七世紀的鄂圖曼帝國或許是因為少了些華麗色彩，終究難以博得大眾喜愛。

不過，最近在土耳其共和國，無論是專業書籍還是大眾讀物，坊間出版了不少關於珂姍的傳記及小說。此現象的起因說是源自二〇一五年至二〇一六年播映的電視影集《輝煌世紀：珂姍妃》（Muhteşem Yüzyıl: Kösem），相信無人有異議。這部電視劇是熱門影集《輝煌世紀》的續集，如名稱所述，描述主人翁珂姍的一生，雖然不及上一部以蘇雷曼一世愛妃許蕾姆為主角的作品火紅，但依舊大受歡迎。

對「鄂圖曼帝國熱潮」敲響警鐘

誠如影集成功背後帶來的意義，近年來「鄂圖曼帝國熱潮」在土耳其共和國持續了相當長一段時間。然而，亦有歷史學者警告，幾乎可說是「過熱」的這股熱潮，反而會阻礙人們對歷史的正確理解。

近代鄂圖曼帝國史研究第一人阿里・阿基迪茲（Ali Akyildiz）教授，在二〇一七年出版的《身為後宮帝王的皇后：後宮的生活與組織》（Haremin Padişahı Valide Sultan: Harem' de Hayat ve

Teşkilat）一書中指出，近幾年大量創作的大眾作品中，關於鄂圖曼帝國史題材的部分，在學術上並未獲得充分驗證，已經成為增長人們誤解的主要原因。

保守派普遍青睞鄂圖曼帝國史的題材，教授對他們提出嚴厲的批判：「這些保守人士無法忍受他人對歷史或歷史人物有絲毫批判」，將鄂圖曼帝國「在腦海中塑造成一個完美無瑕的黃金時代，或是以道德文學或信仰領域的角度去描述」，「生活在自己腦中想像的虛構歷史世界裡」。

阿基迪茲教授心中預設的作品，大概不是像《輝煌世紀》這種娛樂性質強烈的產物（保守派反而不喜歡這部影集，參照九一頁），而是一些融入政治論點的歷史創作。與其說教授是所謂的自由主義者，他比較像是一名走傳統路線的實證歷史學家，而現在土耳其的情況，似乎嚴重到他必須跳出來提出警語的狀態。

第六章

勒弗尼——兼具傳統與創新的傳奇畫師

勒弗尼畫《節慶之書》（1730 年左右作品）其中一幅，一般認為左下人物為勒弗尼。

1 擁有不為人知魅力的伊斯蘭繪畫藝術

天才畫師的自畫像

自上一章珂姍死後，讓我們將時針往後快轉半個世紀。

本章背景在十八世紀初。

此時的蘇丹是艾哈邁德三世（一七〇三至一七三〇年在位），相當於珂姍的曾孫。一七二〇年，艾哈邁德三世的四名王子舉行割禮儀式，歡慶的奢豪慶典，持續整整十五天。祝賀慶典的紀錄《節慶之書》（Surname-i Vehbi），是由當代一流文人——賽義德・休盛・維比（Seyyd Hüseyin Vehbi）執筆。這部作品生動描述每日慶典，不僅有文字敘述，還包含許多圖畫，將慶典當時的盛大模樣傳達至今日。

那麼，讓我們一同看看這幅節慶畫作中十分重要的一幕——也就是遊行隊伍的描述。畫中，多名身披長袍正裝出席的達官顯貴，騎馬參加遊行。有人目不轉睛地直視隊伍前方，也有人轉身與身後的同行者歡談，讓觀畫者明確感受到，人們在莊嚴的遊行中難掩興奮的心情。

在這當中，畫中左下角在隊伍末尾處，有一名身穿藍色衣服的人物。他的目光看向斜上方，好似將整支遊行隊伍盡收眼底。在他騎乘的馬匹下方，可以看見一個有些模糊的署名——勒弗尼。

一般認為，這號人物是負責《節慶之書》插畫的畫師勒弗尼的自畫像。

在伊斯蘭世界漫長的美術歷史中，鮮少有前近代藝術家留下自畫像。在西洋美術中，有些畫家會像德國文藝復興巨匠阿爾布雷希特・杜勒（Albrecht Dürer）一樣，描繪出獨立的自畫像，作為強烈自我意識投射的表象。或許還不至於到這個境界，但這位畫師在《節慶之書》巨作中畫入個人身影的自我意識，可說是表現出他身為帝國中繼承細密畫傳統工匠的驕傲。

《節慶之書》（局部）。被認為是勒弗尼自畫像的人物，馬匹下方有他的署名。

而勒弗尼，正是本章主角。

不過，在介紹勒弗尼的繪畫人生之前，且容筆者先就日本鮮為人知、但十分迷人的伊斯蘭繪畫世界加以說明。

伊斯蘭世界美術的特殊緣由——忌諱偶像崇拜，發展紋樣

提到伊斯蘭世界的美術，總而言之，不妨去清真寺走一趟。

去哪兒好呢？——對了，艾米諾奴地區可說是帝都伊斯坦堡的海上玄關，那裡有一大片商圈，埃及市集也在其中。就讓我們前往此地名匠錫南興建的魯斯特帕夏清真寺（參照八一頁、一〇四頁）一遊。一樓店鋪緊密相連，爬上階梯，隨即可以看到一座小型清真寺。脫鞋入內，鋪滿紅藍磁磚的另一個世界映入眼簾，磁磚上還繪有俗稱阿拉伯風格（蔓藤花紋〔arabesque〕）的草木紋樣。這些磁磚皆在知名產地伊茲尼克製作，那鮮豔的紅色，據說連當前技術也難以再現。

這種以清真寺裝飾為代表的幾何圖形或草木紋樣，正是伊斯蘭世界的美術「明星」。在忌諱偶像崇拜的伊斯蘭教義中，重現神的形象被視為禁忌。對照基督教會裝飾著耶穌、聖母瑪利亞或聖人的聖像（icon），伊斯蘭教的清真寺則排斥具象，徹底以充滿了抽象的紋樣取代。

在伊斯蘭世界，先知穆罕默德的言行中，也經常可以看到對繪畫——尤其是人物畫像——的避諱。據說布哈里（Bukhārī）的《聖訓實錄》（Sahih al-Bukhari）是可信度最高的言行紀錄，其中收錄了下述傳說。

「穆斯林與馬斯魯克（Masruq）在雅薩・伊本・努邁爾（Yasar ibn Numayr）的家中時，馬斯魯克看到沙發上掛的畫後大聲說：『阿布杜拉告訴我，先知〔穆罕默德〕曾經說過：復活日，責

魯斯特帕夏清真寺內部。

罰最重者將是繪畫之人。』」

「根據阿布杜拉・伊本・伍瑪爾（Abd Allah b. Umar），神的使者〔穆罕默德〕曾曰：『這些畫的作家將在復活日受罰，大概會收到這樣的命令——為你所畫的東西注入生命吧。』」（牧野信也譯，〔〕內文字為筆者加註。）

這個傳說故事旨在表達，先知穆罕默德對模仿造物主神蹟的畫家毫無憐憫之情。

細密畫發展背景

儘管如此，在伊斯蘭世界裡存在的繪畫傳統，這一點無庸置疑。在伊斯蘭教的價值觀當中，嚴格禁止將肖像畫作為崇拜的對象，然而在此同時，肖像畫卻也普遍擁有擁護的言論。

舉例來說，亦出現在《舊約聖經》中的先

《尤瑟夫與祖萊卡》故事中的插畫，出自帖木兒王朝畫家白扎德之手。

知但以理（Daniel）被認為是肖像畫名人。另外在倭馬亞朝（Umayyad Caliphate，六六一至七五〇年）時代，大概是承自羅馬帝國傳統，宮殿或浴場中都繪有包含人物像在內的壁畫。雖然從那以後在公共場所裝飾繪畫的情況愈來愈少，不過伊斯蘭世界的繪畫傳統後來主要以書中插畫的形式發展，而這類插畫，一般是借用西方抄本中繪製的插圖名稱來稱呼，稱為「細密畫」（miniature）（不過亦有意見認為「手稿畫」〔manuscript〕的名稱較為合適）。

伊斯蘭世界的細密畫在伊朗地區蓬勃發展，尤其在伊兒汗國（Ilkhanate，一二五六至一三五三年）及帖木兒王朝，亦受中國畫風影響，創作出豐富的手繪細密畫讀本，人稱天才畫師的卡邁勒・烏丁・白扎德（Kamāl ud-Dīn Behzād）便是活躍於帖木兒王朝時代。在鄂圖曼帝國的敵手薩法維朝，不僅有許多細密畫作品，宮殿上亦裝飾有人物壁畫。

時至今日，伊朗依舊是個對懸掛肖像畫相當寬容的地區，甚至可以張貼先知穆罕默德或正統哈里發阿里的海報。在這裡，人們對肖像畫的接受度較高，繼承了伊斯蘭世界的細密畫文化。

鄂圖曼帝國的肖像畫最初也是受伊朗地區影響才發展起來。不過，十五世紀後半葉至十六世紀後半葉，因梅赫梅德二世聘請義大利畫師作畫，所以細密畫受西方影響亦曾出現寫實畫風的作品，梅赫梅德二世時期受威尼斯畫家貝里尼影響的細密畫畫師包含了席南貝（Nakkaş Sinan Beg，與建築師錫南為不同人物）及西伯利薩德・艾哈美特（Şiblizade Ahmet）等人為代表人物。

然而，十六世紀後半葉開始，以伊斯蘭世界傳統為原則的伊朗影響較為強烈的畫風蔚為主流。雖說如此，鄂圖曼帝國的細密畫並非單純複製伊朗細密畫。伊朗細密畫的題材大多取自傳說或故事，相形之下，鄂圖曼細密畫的特色則在於以同時期真實存在的歷史事件等為主題。

細密畫畫師奧斯曼①（Nakkaş Osman）便是這時期的代表畫家，他在專門歌頌王朝歷史、人稱「御用詩人」（ehnameci）的宮廷詩人所編寫的《王者讚書》②（şehnâmehân）中畫了多幅插畫，其他作品則有描述一五八二年王子割禮祭典的《節慶之書》、鄂圖曼帝國史《技術之書》（Hun-er-nama）中所描繪的細密畫。尤其鄂圖曼帝國歷代蘇丹的肖像畫冊《容貌之書》（Şemailname），便是一部以流傳後世為目的的巨作，從包含西方文獻在內的眾多書籍中蒐集資料，正確重現眾蘇丹的容貌。包含勒弗尼在內的後代畫師，都是參考《容貌之書》來描繪蘇丹肖像。

譯注①細密畫畫師奧斯曼：由於與鼎鼎大名的奧斯曼蘇丹同名，這裡提及「奧斯曼 Nakka Osman」時，皆用「細密畫畫師奧斯曼」敘述，加以區別。

譯注②《王者讚書》：《王者讚書》原文為「王書詠み」，作者原書中的標示為「シエフナーメジ」，這裡轉譯成「ehnâmehân」，資料參考網頁：NIHUプログラムイスラーム地域研究（http://tbias.jp/ottomansources/official_gazette）。

2 鬱金香時期大展身手

天才畫師登場

「勒弗尼」是他以畫師身分成名後取的筆名，意思為「顏色」，對他這個擅長運用色彩的細密畫畫師來說，當真名符其實。

勒弗尼的本名為「阿布杜契里」（Abdulcelil），意指「榮耀者的奴隸」。原本在阿拉伯文中，「阿布杜」（abdul）意思為「奴隸」，「契里」（celil）為「榮耀」。在伊斯蘭教中，認為阿拉（Allāh）擁有九十九個聖名，「契里」（若以阿拉伯文發音則為「加里」〔jalil〕）也是其中之一。亦即，穆斯林常見的「阿布杜拉」（Abdullah）或「阿布杜拉赫曼」（Abdulrahman）等名字中，「阿布杜～」開頭的名字幾乎都帶有「神的僕人」之意。

勒弗尼大約於一六八一年出生於鄂圖曼帝國第二首都愛第尼，也有研究原聲稱他是薩洛尼卡（Salonica，今塞薩洛尼基〔Thessaloniki〕）出身，但這個說法證據薄弱。鄂圖曼帝國的首都為伊斯坦堡，不過自十七世紀後半葉至十八世紀初，多數蘇丹選擇遠離大都市的喧囂，遷居愛第尼離宮。勒弗尼似乎是在少年時期被召入愛第尼宮廷，成為宮廷畫坊的學徒。

關於勒弗尼的來歷，目前還不太清楚。在錫南時代，僅限經由少年充軍徵用的原基督教徒可在宮廷侍奉。然而，十七世紀後，少年充軍逐漸退場，透過親朋好友或有力人士推薦等管道進宮服侍成為常態。誠如後述，勒弗尼常用突厥語寫詩。如此看來，勒弗尼為突厥裔且家世不差的可能性頗高。

勒弗尼剛進宮廷畫坊時，負責裝飾手稿的工作，漸漸嶄露頭角。當時細密畫的畫坊長為畫家胡賽因・伊斯坦布里（Musavvir Hüseyin Istanbulî）。胡賽因技巧精湛，於是勒弗尼拜他為師，開始加入細密畫的製作。最後，勒弗尼似乎在穆斯塔法二世（一六九五至一七〇三年在位）時期，升任細密畫坊長。那時，他年約二十。如此年輕便獲得提拔，正說明了他的才能出眾。在穆

艾哈邁德三世，為鬱金香時期的文藝贊助人，促進文化發展。節錄自勒弗尼畫《大族譜圖文集》。

斯塔法二世統治後期，勒弗尼開始創作自己的代表作品之一《大族譜圖文集》（Kebir Musavver Silsilename；見下文）。

勒弗尼的繪畫生涯看似一帆風順，但在艾哈邁德三世繼穆斯塔法二世登基後不久，悲劇來襲，勒弗尼罹患了眼疾。一七〇六年，勒弗尼向蘇丹陳情，闡述這三年來，他試盡各種療法治療眼睛，但效果不彰，無法繪製新畫作，懇請蘇丹允許自己呈獻昔日舊畫，並請求援助以供養妻兒。細密畫顧名思義，作業十分精細，想必對畫師眼睛的負擔也非常大。

勒弗尼的請願獲准，得到日薪二十枚銀幣。考慮到當時其他畫師日薪大約落在五枚至十七枚銀幣之間，簡直是破天荒的待遇。獲得如此殊榮，勒弗尼的眼疾似乎也逐漸好轉。

勒弗尼到了艾哈邁德三世統治後期，也就是所謂的「鬱金香時期」（一七一八至一七三〇年），才真正發揮所長。接著，容筆者簡單介紹這段時期。

燦爛的「鬱金香時期」——近世鄂圖曼帝國的繁華

一直以來，鄂圖曼帝國以十六世紀蘇雷曼一世統治為盛世，十七世紀以後則是不值一提的衰退期。的確，蘇雷曼一世時期的軍事實力無可匹敵，值得視為帝國最燦爛的時代，讓人再三緬懷，就好比世人將十六世紀伊莉莎白一世（一五五八至一六〇三年在位）視為英國的「黃金時代」一樣。

不過，研究員之間達成了一種共識：「鄂圖曼帝國的十七世紀儘管充滿動盪，卻是一個為了適應新局勢而革新的時代。」從尚武的軍事國家，轉換成官僚組織發展成熟的文人國家，這段轉換時期，正巧落在十七世紀。當時，歷經文藝復興及科學革命的歐洲，迎來世界史上前所未有的急速增長，所以也無怪乎鄂圖曼帝國的發展會相形失色。不過可以肯定的是，鄂圖曼帝國克服十七世紀的改革，在十八世紀恢復穩定，並以一個近代國家迎向空前的繁華。

象徵鄂圖曼帝國十八世紀繁榮的時代，便是眾所周知的「鬱金香時期」。一七一八年鄂圖曼帝國與奧地利簽訂《帕薩羅維茨條約》（Treaty of Passarowitz），恢復對外的安定。在隨後的和平期間，艾哈邁德三世與大宰相內夫謝希爾勒・易卜拉欣帕夏（Nevşehirli Damat Ibrahim Paşa）極力推動國內改革，發展經濟。

首先值得注意的是，鄂圖曼坦率接受西方文明及文化的優點，進行研究並嘗試導入國內。艾哈邁德三世首先派遣大使耶爾米賽基茲・麥何特・契勒比（Yirmisekiz Mehmed Çelebi）前往巴黎，詳細觀察法國文化傳統。此次外使參訪的成果，是伊柏拉罕・繆特菲利卡（İbrahim Müteferrika）於伊斯坦堡設立活版印刷行。眾所周知德國古騰堡（Johannes Gutenberg）在十五世紀將活版印刷術付諸實現，不過這卻是穆斯林頭一次用活版印刷印製阿拉伯文字。繆特菲利卡的印刷行滿足了帝都人民日益增加的閱讀需求，商業上亦取得了成功。

都市消費文化的成熟，也是這一時期的特徵。艾哈邁德三世在伊斯坦堡金角灣深處一片風光明媚的土地上，興建薩達巴德（Sadabad）離宮，在此賞玩漫遊。據說不只蘇丹或顯貴，一般市民亦可利用此地設施。艾哈邁德三世愛好鬱金香，對其愛不釋手，並以從荷蘭進口昂貴鬱金香而聞名，也是「鬱金香時期」名稱的由來。鬱金香的原產地為中亞，自古便深受鄂圖曼帝國人民喜愛，不過此時荷蘭的品種改良正逐步進展。

都市文化的發展，帶動文學藝術興盛。詩人阿何美特・內丁阿凡提（Ahmed Nedîm Efendi ①）擺脫深受波斯詩詞影響的古典規格，吟誦內心的真實感受，為突厥語詩歌開闢新領域，實為當代代表性人物。

身為新軍一員的阿許克・歐默（Aşık Ömer）與勒弗尼為好友，也是當時著名詩人之一。勒弗尼自己也用突厥文留下了幾篇詩作，暗示他與詩人圈關係匪淺。

歐默曾針對勒弗尼留下一篇珍貴的人物評論，他說：「勒弗尼有著如薔薇般俊俏的容顏，對所愛之人卻是百般冷漠。」歐默對勒弗尼的評價看似嚴苛，但兩人關係似乎並不單純。會這麼說，另一方面也是因為勒弗尼曾經畫過歐默的肖像畫，這讓人不禁聯想，歐默與勒弗尼之間是否有過感情糾紛。

不僅詩作，歷史敘事也獲得了卓越發展。多本阿拉伯文歷史書籍被翻譯成突厥文，並命歷史學家麥何美特・拉希德（Mehmed Raşid）擔任修史官（vekāyi-nüvîs），記錄帝國正史，也是從這個時期開始。

文人、詩人進出宮廷，與艾哈邁德三世及大宰相內夫謝希爾勒暢談，接受他們的支持贊助，成為新鄂圖曼文化的中堅人物。

勒弗尼的作品及特色

勒弗尼留下三大作品。

第一件是勒弗尼從事繪畫後的早期作品《大族譜圖文集》，據說是在穆斯塔法二世統治末期大約一七〇〇年後開始創作，於一七〇三年艾哈邁德三世登基後完成。

鄂圖曼帝國有製作蘇丹系譜的傳統，並且從十六世紀後半葉開始在系譜上附加蘇丹肖像畫，

勒弗尼《人物畫簿》其中一幅作品：〈跳舞的女孩〉（Dancing girl）。

其中不乏御用詩人所寫龐大又華麗的宏偉巨作，不過規模相對小型的創作亦不在少數。族譜圖文這類小品，可以作為禮物贈送給外邦，相當珍貴（筆者就曾經走訪歐洲各國的古老圖書館，尋找館中珍藏的族譜），十七世紀以後，族譜圖文漸漸得到帝國百姓喜愛，購買翻閱眾多。勒弗尼繪製的《大族譜圖文集》便是繼承這一系列的族譜傳統。

《大族譜圖文集》利用立體繪畫技法，生動地描繪出始祖奧斯曼一世至艾哈邁德三世等二十三位歷代蘇丹的容貌，成為後世繪製蘇丹肖像畫的典範。

第二件作品是四十二位各種不同人物的肖像畫冊，在此暫且統稱為《人物畫簿》（Istanbul, Topkapi Srayi Muzesi, H.2164）。這部作品是勒弗尼從一七一〇年至一七二〇年期間繪製累積而成，從「年輕奧斯曼」奧斯曼二世，到內侍、馴鷹師等宮廷僕役，不僅包含舞者、音樂家等市井小民，亦包含伊朗人、歐洲人等外國人的肖像畫，其中他的代表作〈跳舞的女孩〉、〈沉睡少女〉（Young

Woman, Sleeping Beauty）更是經常為人提及的名作。甚至有研究員推測，這本畫冊雖然沒有文字描述，但似乎潛藏著某些故事情節，讀者就像在看話劇一般，一頁頁地翻閱下去。

最後，本章開頭所介紹的《節慶之書》，堪稱勒弗尼集大成巨作。這部作品以一七二〇年舉辦的割禮大典為主軸，由德高望重的伊斯蘭學者維比執筆，於一七二七年左右完成文字部分，至於負責插畫的勒弗尼是何時完成繪圖，目前尚無定論，有一派說法是一七三〇年，亦有人說是在他死前的一七三二年。

維比與勒弗尼之間似乎沒什麼溝通聯繫，因為有些地方圖文不符，而且維比在書中雖曾多次提及自己，卻不曾談及勒弗尼。或許，兩方俊傑的交情不怎麼融洽。總之，勒弗尼在這部作品中，總共繪製了一百三十七幅的細密畫。

綜合上述，勒弗尼畫作的共通特色，第一個是符合「顏色勒弗尼」這個筆名的色彩應用。伊斯蘭世界傳統細密畫的特徵在於對比強烈的色彩，豪華絢爛的模樣與顏色搭配，有時作品會給觀畫者一種猶如在觀看萬花筒般千變萬化的印象。有時也會使用金箔作畫。相對於如此燦爛奪目的細密畫，勒弗尼的畫作雖然用色鮮豔，卻又帶有透明感，粉彩柔和色調的畫面，不會妨礙下文述說的「動感筆觸」，融合得恰到好處。

第二個特色便是「動感筆觸」，將畫中人物描繪得生氣勃勃、栩栩如生。若比對當代細密畫

細密畫畫師奧斯曼《節慶之書》其中一幅畫作，請與勒弗尼作品兩相對照。

勒弗尼《節慶之書》其中一幅畫作。

名家奧斯曼針對一五八二年慶典所繪製的《節慶之書》與勒弗尼所畫《節慶之書》，箇中差異便一目了然。儘管細密畫畫師奧斯曼的作品還是稱得上一流佳作，但與勒弗尼相較之下，人物動作較為生硬，背景也看似布景。另一方面，勒弗尼的筆法則精美地描繪出雜耍人員的動作及平衡感。

除此以外，勒弗尼的《人物畫簿》中，有些人擺出傳統姿勢，例如手捧鮮花聞香，有些人則大膽地擺出大動作的姿態。不論是什麼樣的人物，其造型及重心擺放沒有絲毫不自然或僵硬的模樣。

換言之，勒弗尼一面繼承鄂圖曼

帝國至今傳承下來的細密畫傳統，一面採納新技法。不過，勒弗尼得以在細密畫開創新紀元，不應全然歸功於他的才能。

誠如前文所提，若要列舉原因，第一個可能是十八世紀初迎來新時代的鄂圖曼帝國人民所追求的恰巧就是他那種畫風，再來最重要的是這段期間造訪伊斯坦堡的兩名西方人的影響。

譯注①阿何美特・內丁阿凡提（Ahmed Nedîm Efendi）Efendi為頭銜。相當於中文的老爺、地主、先生等。

3 從西方人交流中產生的新技法

與西方人交流——坎泰米爾與范莫

與勒弗尼結為好友而影響他的西方人，疑似有兩人。

其中一人是迪米特里・坎泰米爾（Dimitrie Cantemir）。

他是當時鄂圖曼帝國屬國的摩爾達維亞（Moldavia）王子。坎泰米爾一六七三年生，一六八七年在他十四歲時，以實質為人質的身分來到伊斯坦堡，於蘇丹宮廷待到一六九一年後歸國。其後，他先後在一六九三年至一六九七年間，及一七〇一年至一七一〇年間旅居伊斯坦堡。坎泰米爾是個擁有深厚音樂造詣的文化人，不僅對鄂圖曼音樂進行理論研究，本身也是一位作曲家。據說坎泰米爾位於伊斯坦堡的沙龍，時常有詩人及藝術家出入拜訪。

坎泰米爾雖為基督教徒，卻深諳鄂圖曼文化，而他似乎一心向著祖國，盼摩爾達維亞獨立。一七一〇年，坎泰米爾在鄂圖曼帝國與克里米亞汗國支持下，重返故國，即位成為摩爾達維亞大公。坎泰米爾登基後，即刻背叛鄂圖曼帝國，明確公開支持俄羅斯。當時，俄羅斯在近代化之祖、人稱「彼得大帝」的彼得一世（Peter I，一六八二至一七二五年在位）領導下，取得顯著的發展。坎泰米爾滿心期盼這位一代名君彼得一世能打敗鄂圖曼帝國。

翌年一七一一年，鄂圖曼帝國與俄羅斯在普魯特河發生激戰。然而，吃下敗仗的卻是俄軍，彼得一世甚至被逼迫到差點被俘虜的窘境。押錯寶的坎泰米爾被逐出摩爾達維亞，逃亡俄羅斯，並在一七二三年長眠於莫斯科。

坎泰米爾因撰寫《鄂圖曼帝國興衰史》（Historia incrementorum atque decrementorum Aulae Othomanicae）這本歷史書而聞名（一七一七年於俄羅斯出版）。他在書中寫道，「里昂（Leon）」曾贈與他蘇丹的肖像畫，至今依舊保存在身邊。毫無疑問的，這位「里昂」便是「勒弗尼」。勒弗尼與這位學問淵博的摩爾達維亞王子有著深厚的友誼。坎泰米爾強烈的個人特色及他所帶來的歐洲文化，一定對勒弗尼產生了深遠的影響。

另一人是尚・巴蒂斯特・范莫（Jean Baptiste Vanmour）。

這名畫家生於一六七一年，弗蘭德（Flandre）人。一六九九年他以法國大使隨行人員身分來到鄂圖曼帝國後，便再也沒有返回歐洲，一直留在伊斯坦堡直到一七三七年死去。范莫一邊替荷蘭或法國大使工作，一邊於伊斯坦堡新市區的加拉達（Galata）地區設立工作室，畫了許多作品。艾哈邁德三世接見荷蘭使節團場景的一系列畫作，便是其代表作。范莫更是後來西洋藝術潮流之一——東方主義（Orientalism）繪畫的先驅。他的作品大多由贊助商荷蘭大使收藏，現藏於荷蘭阿姆斯特丹國立美術館。

令人遺憾的是，目前沒有歷史資料可以證明范莫與勒弗尼之間的直接關係，然而有人指出，兩人畫風有著相似之處。描繪荷蘭使節團的系列畫作中，眾多人物齊聚一堂，緊密相鄰，讓人不禁聯想起勒弗尼的《節慶之書》，另外根據范莫畫作製成、描繪鄂圖曼帝國人民百態的版畫冊——在法國發行後暢銷全歐洲——則讓人聯想到勒弗尼的《人物畫簿》。

覲見蘇丹艾哈邁德三世，范莫畫。

鬱金香時期結束

於是，勒弗尼盡情乘著新時代風潮，揮動畫筆，可說是體現鬱金香時期的當代畫師。然而，鬱金香時期最終在一七三〇年，因伊朗遠征失敗觸發海軍帕特羅納・哈里爾（Patrona Halil）叛亂而畫下句點。艾哈邁德三世因而退位，大宰相內夫謝希爾勒慘遭處死。勒弗尼友人之一的詩人內丁為了躲避暴民而爬上屋頂，卻不幸失足跌落摔死。

勒弗尼雖然從動亂中倖存下來，但之後不久便於一七三二年去世，享年約五十歲。他的遺骸被埋葬在鄰近伊斯坦堡聖地埃由普（Eyüp）的歐塔克楚拉清真寺（Otakçılar Camii，又名阿修圖巴修・艾哈邁德阿清真寺〔Aşçıbaşı Ahmet Ağa Camii〕），不過他的墓碑似乎已於一九七六年坍塌。筆者亦曾於二〇一九年夏天走訪這座清真寺，中庭只剩寥寥數塊無法辨識碑文的墓碑。

諾貝爾文學獎作家奧罕・帕慕克與勒弗尼

最後，讓我們來聊聊以鄂圖曼帝國細密畫為主題的小說。

二〇〇六年，作家奧罕・帕慕克（Orhan Pamuk）是第一位獲得諾貝爾文學獎的土耳其人，他的代表作品《我的名字叫紅》（Benim Adım Kırmızı）是一部歷史小說，主角為十六世紀末鄂圖曼帝國的宮廷畫師，故事以宮廷畫坊的一名畫師被人殺害而拉起序幕。同樣身為畫師的主角卡拉（Kara）受命調查事件。本書由畫坊首席畫師（以細密畫畫師奧斯曼為原型）、卡拉的師傅及其女兒等多種人物輪番出場，以多重視角的方式鋪陳敘事。

全書關鍵在於西畫中採用的透視法。在帕慕克的設定中，對鄂圖曼帝國畫師來說，西方利用透視法的寫實繪畫是一種褻瀆造物主的大不敬行為，然而在此同時，寫實的透視技巧又深深地吸引著畫師，誘惑他們踏入模仿造物主神蹟的禁忌領域……。而這一點，正是整起事件的核心所在。

整部作品帶有懸疑成分，筆者還是不要透露太多劇情，相信那引人入勝的故事內容及文筆，瞬間就能將讀者拉進十六世紀伊斯坦堡的異世界。

總之，畫師在西方與傳統技法之間的掙扎，是這部小說的基礎架構。然而，從小說事件發生大約一百年後才登場的勒弗尼，卻輕而易舉地跨越了帕慕克筆下畫師們的憂愁與煩悶。對勒弗尼來說，傳統技法既不是枷鎖，西洋技法亦非他抗拒的對象，兩者皆是他孕育新藝術表現的基礎食糧。

勒弗尼死後，鄂圖曼帝國十八世紀的宮廷畫師，以雷法伊・馬納斯（Rafael Manas）及卡普達勒・康斯坦丁（Konstantin Kapıdağlı）等非穆斯林畫家為主。這個世紀細密畫的傳統逐漸消失，十九世紀以降，由採用西洋畫法的西洋畫家嶄露頭角。

專欄三

宦官──輔佐宮廷的幕後勢力

有一群人，在宮廷中占有重要地位，但礙於篇幅無法列入本文內容，他們叫做「宦官」。切除男性生殖器，在宮廷侍奉君主的宦官，自古便存在於東西方世界。在地中海國家，眾所周知早在伊斯蘭教出現以前，古代的東方諸王朝、希臘、羅馬皆曾利用宦官，而穆斯林王朝亦繼承了這項傳統。

然而，伊斯蘭教禁止在穆斯林統治地區執行閹割手術，因此白人宦官在西班牙安達魯斯地區（Al-Andalus），黑人宦官在埃及尼羅河上游的伊斯蘭世界外圍執行手術處置後，才被帶入穆斯林諸王朝。

鄂圖曼帝國最早在第二代蘇丹奧爾汗時期，便可確認已有宦官存在。據悉，最早期的宦官是來自拜占庭帝國宦官以「戰俘」形式進入鄂圖曼宮廷，隨著時間演進，開始從切爾克斯地區及衣索比亞個別提供白人宦官與黑人宦官。

在宮廷，白人宦官常負責統轄經少年充軍徵用的內侍，其底下統掌了大批宦官。雖然蘇雷曼一世時期也曾出現哈德姆・蘇萊曼帕夏（Hadım Süleyman Paşa）這種擔任軍人政治家，率領艦隊遠征印度洋的宦官，但漸漸地他們的活動場所僅限於宮廷。

十六世紀後半葉，穆拉德三世時期將後宮遷移至托卡比皇宮以後，於後宮設置管理女性的黑人宦官長職位，自此之後，黑人宦官長影響力開始凌駕白人宦官長。黑人宦官長亦負責掌管伊斯蘭教聖地麥加與麥地那——先知穆罕默德的陵墓及天房（al-Ka bah）[1]據悉由黑人宦官軍隊守護——的宗教捐獻基金，集權威財力於一身。

十七世紀至十八世紀，鄂圖曼宮廷的權貴政治家屢屢交鋒、相互鬥爭，身在其中的宦官亦成為有力的影響者，時時發揮關鍵性的作用，其中又以一七一七年至一七四六年擔任黑人宦官長的哈奇・貝席阿（Hacı Beşir Ağa）最為知名。在他的任內後期掌握了重要大權，當時大宰相的任用及罷免，全憑他一念之間。

十九世紀前半葉，馬木德二世毅然執行近代化改革，宮廷外原則上禁止任用宦官，宮廷內亦大幅縮減宦官職權。於是，宦官靠著在蘇丹或達官顯要後宮工作勉強度日，直到帝國末期，才終於從歷史消失。

譯注①天房（al-Ka bah）：也可譯作卡巴天房、克爾白，語意為「立方體」，是位於伊斯蘭教聖城麥加禁寺內的建築。伊斯蘭傳統認為天堂有「天使崇拜真主之處」，而天房則是相對於天堂的地上專屬區域，也是伊斯蘭教最神聖的聖地，所有信徒無論在任何地方都必須面對它的方向祈禱。

第七章

馬木德二世

——復興帝國的一代名君

傳統裝扮的馬木德二世，約翰 · 楊格（John Young）畫，1815 年作品。

1 鄂圖曼帝國深陷危機

鄂圖曼帝國如何走向近代化？

這裡有兩幅肖像畫。（請參照一六五、一六七頁）

一幅的畫中人物身穿長袍，圍著頭巾，坐在充滿東方餘韻設計的王位上。立體的構圖雖然採用西畫風格，但人物本身卻遵循著鄂圖曼君主的肖像畫傳統。

另一幅的人物則是身穿西服，坐在西洋風格的椅子上，頭上戴的不是厚重頭巾，而是輕便的毯帽（fes）。如果沒有這頂帽子，說他是歐洲的王公貴族，任誰都會欣然同意。他高舉著右手，指尖指向前方。

彷彿指引著鄂圖曼帝國未來的去向。

這兩幅肖像畫，畫的都是同一人物——馬木德二世（一八〇八至一八三九年在位），只不過第一幅是在他統治前期，第二幅是後期的身影。馬木德二世是讓瀕臨滅亡邊緣的鄂圖曼帝國走向復甦、奠定近代帝國基石的蘇丹。肖像畫中呈現的兩種截然不同姿態，象徵性地反映出在他執政期間，帝國在政治、軍事、文化等各領域進行全面性的近代化改革。

若沒有馬木德二世，鄂圖曼帝國可能在十九世紀便已滅亡。就讓我們在本章中一同了解「大王」馬木德二世完成重建帝國大業的一生。

在鄂圖曼帝國繁榮的末日

誠如前章所述，鄂圖曼帝國度過十七世紀危機，進入十八世紀以後，穩定發展成成熟的近代國家。在一七六〇年代以前，少有對外戰爭，於經濟文化上，都可說是帝國史上最繁華的時代。

身穿西服的馬木德二世（作者不詳）。馬木德二世身穿傳統服飾與西服畫像的比較，自東方學者柏納·路易斯（Bernard Lewis）以後便成「慣例」。

然而，與此同時，長期以來的競爭對手歐洲諸國也正在快速茁壯，其中日後被稱為列強的諸國（英、法、奧地利、德、俄），其飛躍進步尤為突出，雙方的差異在軍事上最為顯著。一七一一年的普魯特河戰役中，鄂圖曼帝國雖然大勝俄羅斯彼得一世，但自此之後便經常處於劣勢。

關鍵性的一役是一七六八年爆發的俄土戰

爭。面對女皇葉卡捷琳娜二世（Yekaterina Alekseyevna，一七六二至一七九六年在位）統治而勢如破竹的俄羅斯，鄂圖曼帝國束手無策，節節敗退，這場戰爭最後以驚人的結果結束——雙方於一七七四年簽訂《庫楚克—凱納爾吉條約》（Treaty of Küçük Kaynarca），黑海北岸的克里米亞汗國——由成吉思汗末裔建立，長年來效忠鄂圖曼帝國宛如小弟的穆斯林國家——從此脫離鄂圖曼帝國的掌控與庇護（不久後被俄羅斯吞併）。

據說葉卡捷琳娜甚至雄心勃勃，企圖征服伊斯坦堡，重建拜占庭帝國。

新軍反叛

在這樣的危機背景下，出現了一名立志維新鄂圖曼帝國的蘇丹，那人便是謝利姆三世（一七八九至一八〇七年在位）。謝利姆三世自王子時代即以英明睿智聞名，與法國國王路易十六世（一七七四至一七九二年在位）通信，學習國政治理。即位後，他立刻推動一系列的「新秩序」（Nizam-ı Cedid）改革。

謝利姆三世的改革重點在於編制同樣命名為「新秩序」的新式軍隊。

十七世紀以後，一直以來作為鄂圖曼帝國軍主要戰力的新軍，開始與城市居民建立深厚關係，他們為民喉舌，成為帝都不可或缺的中堅團體。於是，新軍在社會上的重要性與日俱增，但在另一方面，軍事實力卻已退化到完全無力對抗歐洲軍團的程度。因此，謝利姆三世以歐洲軍隊為典範，組織新秩序軍。成為帝國近代軍隊先驅的新秩序軍，在法國將軍拿破崙從埃及進軍敘利亞一役中，成功擊退法軍，戰功赫赫。

改革看似進展順利，但想當然耳，也有人持反對立場。第一個，不用說當然是新軍。新軍感受到自己的既得利益受到威脅，最後在一八〇七年於帝都伊斯坦堡以主謀者之名引起暴動，俗稱「卡巴克楚・穆斯塔法（Kabakçı Mustafa）之亂」。這場暴動獲得守舊派支持，加上一開始的鎮壓行動遲緩，基於上述種種理由，使得謝利姆三世遭暴徒囚禁，不得不宣布解散新秩序軍，被迫下台，由他的堂弟穆斯塔法四世（一八〇七至一八〇八年在位）代為登基。

本章主角馬木德二世，便是在此時登上歷史舞台。

繼承人嚴重不足

馬木德二世生於一七八五年七月二十日，為阿布杜勒哈密德一世（一七七四至一七八九年在位）的王子。

馬木德二世生母是娜克希迪・瓦莉德（Nakşidil Valide Sultan）。關於她的來歷，自馬木德二世即位後，歐洲便流言四起，說她是西印度群島馬提尼克島（Martinique Island）出身，為法國皇帝拿破崙之妻約瑟芬・德・博阿爾內（Joséphine de Beauharnais）的表妹艾美・杜伯・德・瑞佛里（Aimée du Buc de Rivéry），被阿爾及利亞的穆斯林海賊綁架，賣進蘇丹後宮，說得煞有其事。這個毫無根據的傳聞，在歐洲膾炙人口，甚至出現以娜克希迪為主角的小說。然而，娜克希迪似乎實為切爾克斯人或喬治亞籍奴隸。

其實，奧斯曼王室在十八世紀後半葉，陷入繼承人嚴重不足的困境。在謝利姆三世出生以前，已有三十多年未有王子誕生，而謝利姆三世本身，儘管後宮三千佳麗，卻無任何子嗣。

因此，謝利姆三世的堂弟穆斯塔法與馬木德兄弟（母親不同，但皆為阿布杜勒哈密德一世之子）皆為奧斯曼王室寶貴的王位繼承人。

一般而言，蘇丹對非親生的王室男子往往要求嚴格，但據說謝利姆三世對年齡相差甚大的兩個堂弟十分厚待。謝利姆三世所釋出的善意，應該也與王室男子不足有關。

後宮中建有王子專屬寢居

十七世紀初，廢除奧斯曼王室的陋習「誅殺兄弟」，取而代之的是將王室男子軟禁在托卡比皇宮的後宮裡，這便是所謂的鳥籠（kafes）制度。鳥籠王子不得與外界接觸，不得生子，只能耐心等待自己登基的那一天到來。

不過，有望繼承下一任蘇丹之位的王子會接受一定程度的教育，只要得到蘇丹許可，亦可出宮。馬木德王子受到的正是此等厚待。他精於射箭、騎馬及格鬥，亦通曉吟詩作對，這些應該全是拜王子時期的教育所賜。這位王子在自由的環境中，吹拂著謝利姆三世時期改革的新風氣長大。據說他對砲兵展現出非比尋常的興趣，甚至在演習場上提議修改槍砲戰術。然而，穆斯塔法四世即位後，馬木德便與謝利姆三世一同被幽禁於後宮。

另有研究學者推測，馬木德曾在這段期間向謝利姆三世學習改革，但無實質證據。

2　拒當傀儡的傲骨蘇丹

勉強登基的馬木德二世

穆斯塔法四世的統治並沒有維持太久。

守舊派單純為了廢黜謝利姆三世而聯手，無法推出統一的政策，政局一片混亂。在此局勢下，謝利姆三世改革的支持者安全逃離帝都，聚集到以多瑙河沿岸城市魯賽（Ruse）為據點拓展勢力的地方望族（âyân）阿連達．穆斯塔法帕夏（Alemdar Mustafa Paşa）門下。

整個十八世紀，鄂圖曼帝國各地已有一群地方有力人士，脫離中央政府管轄，發展出一定程度的勢力。他們擁有獨立的軍事力量，有時甚至會私下與歐洲諸國建立關係，這群人統稱為「地方望族」。他們的崛起可說是帝國政府某種程度弱化的展現，但換個角度，也可以說是地方經濟活力獲得了空前發展。

一八〇八年，阿連達率領訓練有素的私人部隊，進軍混亂不堪的伊斯坦堡。阿連達不費吹灰之力便成功入城，闖入托卡比皇宮。他的目的是拯救受困於皇宮之中的廢王謝利姆，簇擁其復位。

不巧的是，穆斯塔法四世在阿連達抵達之前，便親自與部下進入後宮，羈押謝利姆並將之處死，而他的下一個目標便是同父異母的皇弟馬木德。只要在謝利姆之後接著殺死馬木德，穆斯塔法便成為王室唯一生存的男子，得以免除被廢位的危機。然而，馬木德儘管手受傷，依舊在女奴協助之下，逃到屋頂上，勉強倖存了下來。

攻下皇宮的阿連達，拘捕穆斯塔法四世，將他囚禁於鳥籠之中，並取而代之地救出馬木德，與之會面。據說會面當下，馬木德曾斥喝阿連達違反常規，佩戴兵器，晉見君主。對馬木德而言，就算是救命恩人，也只是個一步登天的無禮之徒。從這個軼事可看出馬木德膽量過人的一面。

照慣例，蘇丹登基須由占星術師挑選良辰吉日，但此時已無暇他顧，只能匆匆舉行登基大典。

於是，二十三歲的馬木德即位成為馬木德二世。

然而，馬木德距離真正掌權，還有漫漫長路要走。

馬木德二世是叛亂的幕後黑手？

就任大宰相的阿連達，召集帝國內各據一方的地方望族，在伊斯坦堡簽署《同盟誓約》（Sened-i Ittifak）。這項協約規定，蘇丹保障地方望族的財產及安全，地方望族則必須效忠鄂圖曼政府。如果這項《同盟誓約》長久持續下去，蘇丹或許就僅剩象徵性的「裝飾」功能，說不定從此就會誕生一個可說是「鄂圖曼共和國」的全新國家，由地方權貴聯合管理。

然而，權勢達顛峰的阿連達，在短短三個半月後，府邸遭新軍突襲，於激烈戰鬥中死去。阿連達才剛接獲自己的大本營魯賽被近郊敵對的地方望族攻擊通知，派兵回去支援後不久，便發生了這場悲劇。

叛徒直奔托卡比皇宮，企圖擁穆斯塔法四世復位，然而馬木德二世捷足先登，處死穆斯塔法四世，成為王室唯一倖存的男子，成功擺脫遭人廢黜的危機。據說，穆斯塔法四世的眾多愛妾在那之後，被人從博斯普魯斯海峽的「少女塔」（Qız Qalası）丟入海中。

此次叛亂爆發，流傳著一些奇怪傳聞。有人說，馬木德二世其實是叛亂的幕後黑手。阿連達是馬木德的救命恩人，還繼承了已故謝利姆三世的遺志，延續改革，就這一點兩人志同道合。然而，《同盟誓約》這類限制君主大權的協約，對馬木德來說本來就是一件難以容忍的事。阿連達遭新軍襲擊時，馬木德似乎也確實沒有積極搶救。然而不管怎麼說，馬木德實際策畫陰謀的說法，或許是過度揣測。

階段性摒除地方望族的勢力

儘管馬木德二世坐在蘇丹寶座上，但他手中並無實權。在新軍等守舊派操縱政權當中，馬木德依舊一步步採取對策、放眼未來。

他的首要任務是排除地方望族。誠如前文，當時帝國各地被反抗中央政府的地方望族割據，削減他們的勢力，對中央守舊派來說也是勢必在行，所以就這一點，馬木德無須擔心有人會從中作梗。馬木德以官職為誘餌，使地方望族相互鬥爭，抑或看準地方望族世代交替，沒收其財產，運用各種對策，使中央政府力量逐漸滲透至地方。一八二〇年代初，鄂圖曼政府成功掃蕩幾乎所有反抗的地方望族，達成中央集權。

面對中央守舊派，必須更加謹慎應對。要斷然執行改革，就必須在政府或軍隊要職安插值得信賴的部下，但如果即刻任命他們擔任重要官職，勢必會引起不滿。因此，馬木德採用的手段是將心腹部屬安插在普通位階，靜待他們升遷。馬木德見機協助部屬晉升，以免顯得不自然，並且找藉口除掉任何從旁阻撓之人。

據說馬木德識人精準，擅長挖掘被埋沒的賢才志士，其中一例便是他察覺穆斯塔法・列西德帕夏（Mustafa Reşid Paşa）的才能，因而加速對他的提拔。穆斯塔法・列西德帕夏在馬木德死後，成為引領時代改革的關鍵人物。

組織新軍隊——穆罕默德常勝軍

時機成熟的那一刻，落在馬木德登基十八年後的一八二六年。

這一年，馬木德二世宣布設立新部隊，從新軍挖角組成軍隊。馬木德的深謀遠慮發揮了功效，這時新軍中的重要崗位，皆由馬木德的支持者所占據。

面對馬木德這個行動，新軍守舊派暴動，起身叛亂。然而馬木德早已預料到這場叛亂，準備了周全的殲滅作戰計畫，不到一天時間，便平定叛亂。自十四世紀中葉成立以來，一直是鄂圖曼帝國國軍骨幹的新軍，就此廢除。

馬木德另設一支名為「穆罕默德常勝軍」（Asakir-i Mansure-i Muhammediye）的近代軍隊，亦

穆罕默德常勝軍的埃爾圖魯爾騎兵團（Ertuğrul Cavalry Regiment）。由阿布杜勒哈密德二世時期，義大利人宮廷畫師福斯托．佐納羅（Fausto Zonaro）繪製，1901 年作品。

改造指揮系統，在統一的指揮下，重組整個帝國軍隊。

廢除新軍這支守舊派武力軍備後，再也沒有任何勢力可以阻擋馬木德推動改革。於是，馬木德開始馬不停蹄地在全國推行改革。

首先，馬木德重整中央行政、設立省廳。在教育方面，亦擴大包含軍事學校在內的近代學校制度。於歐洲主要各國設置大使館（在此之前，謝利姆三世便曾設置大使館，但隨其廢黜而關閉），並派遣留學生——下一章介紹的西畫家奧斯曼　哈姆迪，他的父親便是其中一人。新設立的翻譯局負責蒐集歐洲資訊，同時培育精通外交的有為人才。

郵局、檢疫所、報紙等各種組織及制度，都是在這一時期出現於鄂圖曼帝國。

實施宗教改革，推進快速西化

馬木德二世的改革亦擴展到宗教層面。其中尤其重要的是，馬木德設立導師府，任命擁有鄂圖曼帝國最高宗教權威的伊斯蘭導師擔任府長。以往，伊斯蘭導師擁有得以同意蘇丹廢位的影響力，但從此以後，僅僅是國家機構中的一個官職。

服飾方面，原則上廢除傳統頭巾，改戴機能性的毯帽。軍人及官僚身穿西洋風格的外套及長褲，除了帽子以外，外貌看上去和歐洲人沒什麼兩樣。

西方藝術也被馬木德拿來積極運用在革新上。聘請義大利音樂家朱賽佩・董尼采第（Giuseppe Donizetti）編寫《馬木德進行曲》（Mahmudiye Marşı），這首曲目在馬木德統治期間獲得了實質國歌的地位。並且，請西方畫家畫了不少馬木德肖像畫，擺設在各個政府建築內。還製作刻有馬木德肖像的徽章，賞賜立功的功臣。

馬木德二世不受傳統束縛，推動前所未有的快速西化政策，後世給予他「異教徒帝王」（Gavur Padişah）的綽號，成為守舊派批判的矛頭。然而，馬木德卻也不遺餘力地運用伊斯蘭價值觀替他的維新運動背書。馬木德與神秘主義梅拉維道團（Mevleviyeh，所謂的旋轉舞道團）及奈克什班迪道團（Naqshbandi）保持聯繫，利用他們的溝通網絡實踐改革。而且，亦有伊斯蘭學者支持馬木德維新，替其正當性提出辯護，將馬木德本人稱為「宗教改革者」（mujaddid）。

馬木德的近代化改革無法單純用「傳統 vs 近代」或「守舊派 vs 改革派」的對立來說明，可以說他在推動革新的同時，巧妙地將兩者融合一起。

後宮據說有寵姬十七人

馬木德二世還背負另一項重要任務——傳宗接代。

謝利姆三世與穆斯塔法四世被處死後，兩人膝下無子，因此當時馬木德二世為奧斯曼王室唯一男丁。自鄂圖曼帝國開國以來，這個情況僅發生在十七世紀中葉蘇丹易卜拉欣時期。換言之，馬木德二世一旦夭折，王室便有陷入絕後的危機。

或許是為了克服這個困境，馬木德的後宮據說寵姬多達十七人。結果，他共有三十六名子女，但多於年幼早逝。王室絕嗣危機，一直持續到一八二三年阿布杜勒麥吉德王子（即 Abdülmecid I，一八三九至一八六一年在位）出生，並平安長大成人才告一段落。

除了阿布杜勒麥吉德以外，成年並成為儲君的男子僅剩阿布杜勒阿濟茲（一八六一至一八七六年在位）。阿布杜勒麥吉德生母為貝孜米哈勒妃（Bezmiâlem Sultan），雖然也有人說她是猶太裔，但其實是喬治亞裔或切爾克斯人，這時期的妃嬪大多如此。阿布杜勒阿濟茲生母為佩特維妮

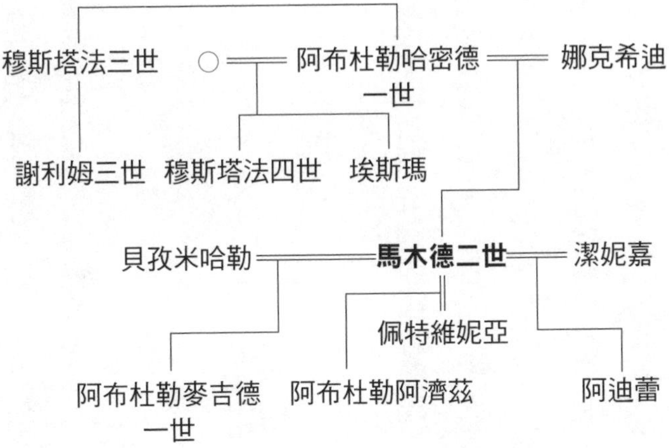

馬木德二世系譜

亞妃（Pertevniyal Sultan），出身不詳。兩人都比馬木德長壽，透過捐獻從事建築等事業。

在馬木德時期，托卡比皇宮在鄂圖曼宮廷中的地位，也逐漸產生變化。畢竟馬木德本來就不喜歡托卡比皇宮，大多居住在貝西克塔什（Beşiktaş）私宅，或他同父異母的皇姊——埃斯瑪公主（Esma Sultan）府邸。戰時，他也曾在伊斯坦堡郊外的埃由普軍營待了兩年。

馬木德的活動範圍並不只限於托卡比皇宮，還跨出帝都伊斯坦堡，成為第一個為了考察國家概況而巡視國土的蘇丹。在他五次出巡中，大多走訪帝國歐洲領土。他會訪問多瑙河沿岸魯賽及夕利斯特拉（Silistra），一定是察覺到俄羅斯從北方逼近。實際上，這兩座城市都興建了近代防禦要塞，成功阻擋俄軍南下。

阿布杜勒麥吉德王子繼馬木德二世即位後，興建西洋風格的多瑪巴切皇宮，取代托卡比皇宮，從此宮廷功能完全轉移至前者。鳥籠制度也在這時期廢除，從此以後，奧斯曼王室的王子及公主就過著猶如西方王公貴族般的生活。

3 支持馬木德的異母皇姊埃斯瑪

異母皇姊埃斯瑪成為非官方顧問

馬木德二世與母后娜克希迪十分親近。娜克希迪與以往的母后雷同，似乎都兼任兒子非正式的諮商對象。娜克希迪於一八一七年去世後，這個角色改由他同父異母的皇姊埃斯瑪接手。

埃斯瑪大概是所有鄂圖曼帝國公主中最光彩奪目的一個。

她是阿布杜勒哈密德一世的公主，和穆斯塔法四世為同母所生，生於一七七八年，所以比穆斯塔法四世大一歲、比馬木德二世大七歲。埃斯瑪十四歲時，與比她年長二十歲以上的庫楚克・胡賽因帕夏（Küçük Hüseyin Paşa）結婚，但自從一八〇三年守寡後，便維持獨身一人。

埃斯瑪是一個擁有政治野心的傑出女性。雖然底下談論的全是流言蜚語，但在傳聞中，是她為了拱擁親弟穆斯塔法四世登基，教唆卡巴克楚・穆斯塔法興亂，又說她為了聲援穆斯塔法四世，喬裝身分在城中活動，甚至阿連達闖入托卡比皇宮時，也是她下令殺害謝利姆三世。據說穆斯塔法四世被廢時，有新軍高喊：「吾等要埃斯瑪蘇丹登上王位！」盼她登基，所以她或許曾有機會成為鄂圖曼帝國第一位女蘇丹。

「在稱不上能幹的穆斯塔法四世背後，有埃斯瑪從中操控……」這話聽來著實刺激想像，但推測就到此為止。

如此這般，埃斯瑪是穆斯塔法四世的擁護者，所以就某種意義上，可以說她想要索取馬木德二世的性命。然而，穆斯塔法四世被殺後，這位異母皇姊反而成為馬木德二世心中僅次於母后娜克希迪的知心親屬。

埃斯瑪在伊斯坦堡各地——錢貝利塔許（Çemberlitaş）、埃由普、奧塔科伊（Ortaköy）及恰姆勒賈（Çamlıca）——持有房產，馬木德經常去看望她，享受兩人對談與宴會（題外話，據說馬木德很喜歡劍魚串燒）時光，所以猜想兩人亦有政治意見的交流是再自然也不過。傳聞，馬木德還曾嘆道：「王姊，如果妳是男人，我該如何是好！」

街上婦女，奧斯曼・哈姆迪畫，1887 年作品。

據說，埃斯瑪為人既不傲慢，也不會恃才傲物，和她頗有深交的英國女詩人茱莉亞・帕多（Julia Pardoe）曾受邀拜訪其府邸。女詩人形容埃斯瑪是一個待人處事應對得宜的女性。

埃斯瑪還曾將自己身邊的女僕潔妮嘉（Zernigar Hanım）送進馬木德後宮。潔妮嘉備受寵愛，生下阿迪蕾公主（Adile Sultan）。阿迪蕾也是個頗有個性的公主，她是奧斯曼王室中唯一以詩人之名流傳後世的公主。阿迪蕾在詩中坦率道出對身邊人事物的真實感受，而她的詩集也是了解當時王室生活的貴重史料。

馬木德二世死後，埃斯瑪又活了相當長一段時間，死於一八四八年，年六十九歲。據說繼馬木德二世之後登基的阿布杜勒麥吉德，曾就這位伯母的大而化之，向母后抱怨。看來埃斯瑪在姪子在位期間，依舊逍遙自在。

艱困的對外關係

言歸正傳，讓我們將主題帶回馬木德二世的政治活動。

馬木德二世身為鄂圖曼帝國蘇丹，為軍事、政治、社會各個面向帶來全新發展，大幅延長了帝國壽命。然而，如此賢能的名君，馬木德二世在對外關係中卻不斷陷入苦戰。

首先，在鄂圖曼帝國疆域內，塞爾維亞及希臘分別於一八一五年及一八二一年發動叛變。原以為戰亂可以輕易平定，但兩國受列強支援，最後，前者取得自治權，後者成功獨立建國。一八三〇年，法國攻占非洲阿爾及爾（Algiers），因而脫離鄂圖曼帝國統治。於是，鄂圖曼帝國的領土正一點一滴地被蠶食鯨吞。

為了獲得英國援助，在一八三八年簽署的《巴塔里曼條約》（Treaty of Balta Liman）中，雙方簽訂了對英國極其有利的關稅協定，從此推進鄂圖曼帝國在經濟上對英國的依賴地位。

折磨馬木德的埃及「最後法老」

人稱「最後法老」的埃及總督穆罕默德・阿里（Muhammad Ali of Egypt，亦稱卡瓦拉里

・梅赫梅德・阿里〔Kavalalı Mehmed Ali Paşa〕），堪稱馬木德二世的勁敵。

穆罕默德・阿里。奧古斯特・庫德（Auguste Couder）畫，1841 年作品。

穆罕默德・阿里出生於希臘北部港都卡瓦拉里，為阿爾巴尼亞裔軍人。一八〇一年，拿破崙撤離埃及後，穆罕默德・阿里被派往埃及，隨即發揮本領一掃在地勢力，奪下埃及總督的地位。之後穆罕默德・阿里建立一個半獨立政權，即所謂的「穆罕默德・阿里朝」，脫離鄂圖曼帝國中央政府，並早於馬木德二世，先行推動埃及近代化改革，組織精銳的西洋式軍隊。

穆罕默德・阿里之子亞伯拉罕（Ibrahim）同樣是優秀的軍人，一八三三年率領精兵攻進安那托利亞中部，鄂軍完全招架不住。面對亞伯拉罕進軍帝都也不足為奇的緊急事態，馬木德二世向宿敵俄羅斯求救，才勉強從虎口逃生。

一八三九年，埃及軍與鄂軍再次於納齊布（Nezib，現名尼濟普〔Nizip〕，位於敘利亞與土耳其邊境附近）爆發衝突，這次同樣是鄂軍大敗。

就在此時，馬木德二世倒在病榻。

馬木德二世逝世

深信納齊布一役會獲勝的馬木德，因罹患結核，臥躺在埃斯瑪位於恰姆勒賈的府邸。

馬木德二世為了改革帝國，不分晝夜，處理超乎尋常的龐大業務。或許有些誇大不實，但據說他在三十二年的統治期間，安穩度過的時間甚至不滿三十個小時。如此繁重的工作，想必讓他心力交瘁，再加上飲酒習慣，似乎也是他患病的主因之一。

外籍醫師的治療也徒勞無功，馬木德病情惡化，於一八三九年六月二十八日（關於日期有不同說法），在納齊布戰敗消息傳來前，嚥下最後一口氣，享年五十三歲。

馬木德二世的遺骸最後還是埋葬在興建於埃斯瑪位在錢貝利塔許府邸庭園的陵墓中，由亞美尼亞裔宮廷建築師加拉貝特・阿米拉・巴利安（Garabet Amira Balyan）以帝王風格打造，是一座小而美的宗廟。這座宗廟裡，同樣埋葬了在馬木德之後死去的埃斯瑪、阿布杜勒阿濟茲及阿布杜勒哈密德二世等王室宗親的遺骸，其周邊墓地則沉睡著多名支持近代鄂圖曼帝國的政治家及文人。有研究學者將這座宗廟評價為「再秩序化的萬神殿」。——再秩序化（tanzimat）是緊接在馬木德二世之後時代所推動，帝國近代化改革的總稱。

這座幾乎位在伊斯坦堡舊街區市中心的墓園，如今四周是經濟實惠的咖啡廳林立，已經成為

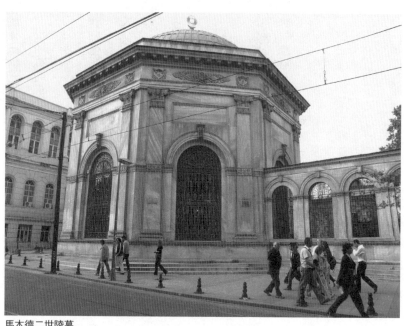

馬木德二世陵墓

在地人及觀光客放鬆小憩的場所。

馬木德二世之後，長大成人的兩位王子中由年長的阿布杜勒麥吉德一世繼承蘇丹之位，這是奧斯曼王室多年後再次——也是最後一次——由子繼承父業。

阿布杜勒麥吉德一世雖然是個可以諒解改革的蘇丹，但有別於先父，他並沒有積極採取政治的倡議行動（initiative）。阿布杜勒麥吉德在位期間，雖然大力推動繼承馬木德二世遺志的再秩序化改革，但主導者是由馬木德發現才能的政治家穆斯塔法・列西德帕夏，以及在馬木德時代創設的翻譯局中累積經驗的麥何梅特・埃明・阿里帕夏（Mehmed Emin Âli Paşa）及麥何梅特・法特帕夏（Mehmet Fuat Paşa）

等人。

經由馬木德二世的維新，鄂圖曼帝國以一個近代國家的姿態重新出發。然而，帝國面對西方列強的壓力，眼前的道路走起來並不容易。帝國接著將迎來一個艱苦奮鬥的時代，最終導致它在一九二二年走向滅亡。

第八章
奧斯曼・哈姆迪
——承載帝國近代文化的巨人

奧斯曼・哈姆迪畫《馴龜師》，1906 年作品。

1 畫出「土耳其的蒙娜麗莎」的畫家

榮獲「土耳其的蒙娜麗莎」讚賞的畫作《馴龜師》

佇立在伊斯坦堡新市區的佩拉博物館（Pera Museum），是引領土耳其藝術界的美術館之一，館中掛著一幅描繪鄂圖曼帝國晚期的畫作。

這幅長超過二公尺、寬一公尺以上的大型畫布上所描繪的背景，是位於帝國古都布爾沙的「綠色清真寺」（Yeşil Camii）二樓。從窄窗透射進來的光線，照亮一名戴著頭巾、蓄鬍且一副僧侶裝扮的男子，以及徘徊在他腳邊的五隻烏龜。手持笛子負在身後的男子，微微彎腰一臉悠悠地看著烏龜。

畫中人物同時也是畫師奧斯曼・哈姆迪本人的自畫像，他經常把自己當成畫中人物，繪入畫作之中。

這幅通稱《馴龜師》（Kaplumbağa Terbiyecisi）的畫作，二〇〇四年由佩拉博物館與伊斯坦堡現代美術館在拍賣會上競標，前者以五兆土耳其里拉（當時匯率大約三億八千萬日幣）的金額得標，成為發燒話題。如今《馴龜師》被譽為「土耳其的蒙娜麗莎」，奠定土耳其藝術指標的地位。

近代化的兩難

奧斯曼・哈姆迪是鄂圖曼帝國近代文化史上，名聲最為響亮的巨匠。他不僅是一名畫家，同時也是藝術學校校長，致力振興鄂圖曼近代美術。身為帝國博物館館長，他亦參與帝國各地挖掘古物的行動，為保存文化遺物不遺餘力。儘管如此，對於在巴黎學畫度過青春時期的哈姆迪來說，與其在帝國擔任重要職位，他想要的也許是一介西畫家的人生。

壯年時期的奧斯曼・哈姆迪

哈姆迪出身在十九世紀中葉至二十世紀初，在這段期間，鄂圖曼帝國正處於一個吹著近代化新風氣、朝氣蓬勃的年代。但與此同時，這時也是個面臨西方列強壓迫、艱難困苦的時代。下文介紹的哈姆迪的一生，恰恰體現了這個具有一體兩面性質的時代。

體驗帝國首創歐洲留學制度的哈姆迪之父

一八二一年，愛琴海上的希歐斯（Chios）島發生基督教徒叛亂，最後由鄂圖曼政府平定，畫家尤金・德拉克洛瓦（Eugène Delacroix）畫下當時慘況，十分有名。當時的海軍提督胡色雷帕夏（Hüsrev Paşa）出資買下希歐斯島上無依無靠的孩子，進府當奴隸。

「奴隸」這個字眼聽起來不太好聽，但其實他們是受到如養子般的待遇。所以，胡色雷可說是「長腿叔叔」。

德拉克洛瓦畫《希歐斯島的屠殺》，1824 年作品

奧斯曼・哈姆迪的父親伊伯拉罕・埃德漢（İbrahim Edhem Paşa），正是當時成為奴隸的孤兒之一。

埃德漢生於一八一八年，所以他成為胡色雷的「養子」時，還只是個幼童。胡色雷讓埃德漢少年接受良好教育，而少年也確實不負養父之恩。

一八二九年，當時的蘇丹馬木德二世為了培育帝國人才，決定派遣學生前往歐洲留學，胡色雷遂推薦他引以為傲的埃德漢成為留學生一員。於是，包含埃德漢在內的四名少年動身前往巴黎。

儘管埃德漢當時年僅十二歲，依舊在留學學校取得優異成績。回國後，他從事礦山業務嶄露頭角，之後獲得提拔，升任內相及外務大臣，最後登上大宰相一職。普魯士王國宰相俾斯麥（Otto von Bismarck）曾給予埃德漢高度評價：「熟諳歐洲文化，人格高尚，帝國之光」。

夢想留學巴黎——奧斯曼‧哈姆迪的青年時代

埃德漢與妻子法蒂瑪（Fatma）的長子奧斯曼‧哈姆迪，出生於一八四二年十二月三十日。哈姆迪起先在伊斯坦堡貝西克塔什區的小學就讀，一八五六年升入法律學校。他似乎是從這時候開始迷醉於繪畫世界，不知不覺間，時時拿著鉛筆素描。

一八五八年，父親埃德漢調任貝爾格勒，成為哈姆迪人生的一大轉折。哈姆迪伴隨父親一同前往貝爾格勒，從該地出發、遊逛維也納的途中，深受美術館中陳列的藝術品所吸引。

回國後，哈姆迪決心鑽研藝術，懇請父親讓他赴巴黎留學。一八七〇年代以後，巴黎迎來俗稱「美好年代」（Belle Époque）的文化成熟期，全世界的年輕藝術家無不趨之若鶩，對當時的哈

青年時期的奧斯曼・哈姆迪

姆迪來說，想必早已是心神嚮往的夢想之都。

哈姆迪獲得父親首肯，於一八六〇年留學巴黎。

以官僚候補，而非畫家身分留學

哈姆迪在留學前夕，被任命為翻譯局官員。最終採取的形式，是哈姆迪以該身分受命前往巴黎鄂圖曼帝國學校。這一定是父親埃德漢期許兒子能藉機成長，成為帝國棟樑所做的安排。

哈姆迪隻身來到巴黎，由鄂圖曼帝國駐巴黎大使、同時也是教育界的權威艾哈邁德・韋菲克帕夏（Ahmed Vefik Paşa）迎接。由於原先預定的鄂圖曼帝國學校人數已滿，所以哈姆迪改為進入法國人私辦的私立學校芭貝特學院[1]（Institution Barbet）就讀，反而對他有利。說來湊巧，巴貝特學院同時也是父親埃德漢就讀的學校，校長對埃德漢印象深刻，因而親自教導哈姆迪。

然而，有悖於周遭人的熱情，哈姆迪的表現並不理想。尤其，他似乎對法文會話的學習感到十分吃力。聽說哈姆迪講法文時，會帶有一種南法奧克語方言之一的「加斯科語」（gascon）腔調。

成為畫家的機會

一八六三年，哈姆迪好不容易畢業後，接著進入法學院就讀。然而在此同時，他開始參加藝術同好會，並且變得越來越熱衷。他在寄給父親的書信中，索取旅居巴黎經費的同時，還寫下底下這段話：「親愛的父親，我畫了一些畫，還請您別生氣。我真的忍不住不畫畫，而且我畫得非常好，大家看了都驚喜不已。」

這段期間，哈姆迪師事於古斯塔夫·布朗傑（Gustave Clarence Rodolphe Boulanger）。布朗傑生於一八二四年，為推動新古典主義流派畫風的領導人物，他到阿爾及利亞一旅之後，開始以東洋題材作畫，因而博得盛名，同時也是在一八四九年榮獲法國皇家繪畫與雕刻學院（Royal Academy of Painting and Sculpture）頒發羅馬大獎（Prix de Rome）的新銳畫家。

布朗傑想必對這個來自伊斯蘭世界、立志當畫家的古怪青年抱有濃厚的興趣。在一八六五年的展覽會中，布朗傑曾展出以哈姆迪為原型的肖像畫，然而遺憾的是，這幅作品已不復存在。

一八六六年，哈姆迪生活困頓，因無法償還債務而鋃鐺入獄，吃盡苦頭。埃德漢大概是想用「斷糧攻勢」，從而停止對怠慢學業的兒子寄送生活補貼。這時，哈姆迪和一名法國女子愛嘉莉特（Agarithe）結婚，並育有一女。關於來自異國的未來畫家與法國女子間的浪漫故事，因無任何歷史資料，所以不得而知。

第一幅作品《突厥女性》與來自父親的壓力

在此情況下，哈姆迪終於在這一年完成第一件成品《突厥女性》（Turkish woman）②，並於展覽會上展出（原作已失傳），這是畫家哈姆迪的第一步。

哈姆迪乘勢於隔年的展覽會上展出三件作品，其中這幅《看守中的澤貝克》（Zeibek at Watch，一八六七年作），描繪身穿獨特服裝的澤貝克（在土耳其西部活動的草寇），在充滿立體深度的空間中，安靜但充滿高度警覺地靜待獵物現身的姿態。這幅畫受老師布朗傑作品啟發而繪製，為哈姆迪留學時期的代表作，獲得高度評價。

當哈姆迪的畫開始售出時，來自父親要求回國的壓力也越來越大。面對父親的催促，哈姆迪最後讓步，於一八六八年六月離開旅居八年的巴黎，踏上返鄉之路。

譯注①巴貝特學院：原書日文為「バルベ学院」。

譯注②《突厥女性》（Turkish woman）：土耳其一詞在「土耳其共和國」出現後才廣為使用，因此 1866 年作品以「突厥」翻譯。

2　在世界博覽會上迎來通往文明國家的道路

巴黎留學歸國後，前往伊拉克

哈姆迪回國後，不到一年便以阿何美特・薩非克・米德哈特帕夏（Ahmed Şefik Midhat Paşa）部屬的身分，被派遣巴格達工作。

米德哈特帕夏是制定鄂圖曼帝國憲法、通稱《米德哈特憲法》（一八七六年）的核心人物。當時，米德哈特因才能幹濟，已是有名的政治家，擔任包含多瑙河州在內的帝國重地首長，致力於實踐再秩序化改革。米德哈特與埃德漢為舊識，所以對埃德漢來說，想必這次是展現兒子留學成果的大好機會。

一八六九年前往巴格達的哈姆迪，成為米德哈特的得力助手，即將運用所學大展身手。——若真有其事，父親埃德漢必定是春風滿面，但實際上哈姆迪大約一年後，便提交調職申請。對於長年居住在巴黎的哈姆迪而言，似乎無法適應巴格達的生活。

最後，哈姆迪比米德哈特早一步於一八七一年返回伊斯坦堡（米德哈特任職到一八七二年，全力改革土地制度）。哈姆迪駐守伊拉克期間的成果，不是身為行政官的績效，而是用素描畫下伊拉克各式風景，後來他用當時寫生素描為基底，畫成油畫。

蘇丹首次訪問西歐諸國的巴黎世界博覽會

回到伊斯坦堡後，哈姆迪一面在外交禮儀部門工作，一面專心作畫，與此同時，他亦編寫劇本，展現多方才華。

一八七三年，哈姆迪一直未能在官場交出成績，使得父親焦躁不已，終於等到一展長才的機會，那便是維也納世界博覽會的開辦。

十九世紀後半葉，堪稱是世界博覽會的年代。這場展示世界各地科學進步文明及文化的活動，讓親眼目睹的人們為之狂熱。

世界博覽會創辦於一八五一年倫敦，在以玻璃精工打造的巨大「水晶宮」（The Crystal Palace）會場中，以歐美國家為中心，展出世界二十五國作品，為期五個多月的展覽期間，參觀人數超過六百萬人次。

一八五五年於巴黎舉行世博會，一八六二年再次回到倫敦舉辦，同樣圓滿落幕。

鄂圖曼帝國自一八六七年於巴黎舉辦的世界博覽會開始參展。那時，鄂圖曼政府雄心勃勃地準備了規模僅次於法國與英國的展覽會館，想來那也是理所當然，畢竟當時是由蘇丹阿布杜勒阿濟茲（一八六一至一八七六年在位）親率眾王子一同出席這場世界博覽會，同時也是鄂圖曼帝國蘇丹第一次出訪西歐諸國。

於維也納世界博覽會表現亮眼

接著，在一八七三年維也納舉行的世界博覽會上，哈姆迪的父親埃德漢擔任鄂圖曼帝國執行委員長，哈姆迪任執行委員，負責企劃及營運。鄂圖曼帝國分得參加國中占地最廣的二千平方公尺展館面積，在此重現清真寺、土耳其浴、咖啡館等鄂圖曼帝國的特色建築，並設置鬱金香時期代表建築噴泉仿製品，此乃艾哈邁德三世命人於托卡比皇宮前所修建。

在當時的世界博覽會上，透過執行委員長埃德漢的周旋，共製作了兩本書冊。一本是《鄂圖曼建築詳解》，書中詳細介紹天才建築師錫南打造的建築物。該書最大的成就，是讓錫南以鄂圖曼帝國引以為傲的代表建築師的身分，重新為世人所認識。

另一本名為《鄂圖曼帝國服飾》，介紹帝國各地多民族服飾，由哈姆迪監製，其中亦收錄哈姆迪身穿民族服飾擺好架式的照片。鄂圖曼帝國展館在參展的三十五個國家中獲得第十二名，並獲頒獎牌。

歐美的東方主義（Orientalism）熱潮

順帶一提，此時也是日本明治政府首次正式參與世界博覽會。在受聘外國人華格納（Gottfried Wagener）的建議下，日本館設置神社及日本庭園，大受好評，成為日後歐洲流行日本趣味主義（Japonism）的開端。

鄂圖曼帝國及日本都為了與歐美列強等文明國家並駕齊驅，不惜以國家威望挑戰世界博覽會。但是想當然耳，不論是鄂圖曼帝國或日本，都難以在科學技術上端出足以媲美歐美的展示。所以，他們最終採取的策略，是以順應歐美人士對東方所抱持的異域情調（exoticism）參展。於是，兩國展館雖然博得好評，但對於以加入文明國家行列為目標的兩國來說，只能以此等形式獲得評價，無疑是最大的諷刺。

與法國人瑪麗再婚

哈姆迪偕同妻子——在巴黎遊學中結婚的愛嘉莉特——前往維也納世界博覽會。這時，夫妻倆感情似乎還不錯。然而不知不覺間，哈姆迪開始與一八六三年生且同樣是法國人的瑪麗・帕利亞（Marie Palyart）親密交往。確切的時間並不清楚，但從瑪麗的年齡來推論，大約在一八七〇年代後期。哈姆迪與愛嘉莉特離婚後，便與瑪麗再婚。之後，哈姆迪便與瑪麗共度一生，並育有二女

哈姆迪之妻瑪麗（Naile Hanım）。奧斯曼．哈姆迪畫，1880 年作品

一子。

哈姆迪以瑪麗為主角畫了多幅肖像畫，畫中的瑪麗身穿西服，看上去彷彿歐洲貴婦。然而，瑪麗在伊斯坦堡的日常生活似乎稱不上自由。

某個與哈姆迪熟識的西方人記載道，瑪麗曾經抱怨，沒有丈夫的陪伴她便不得外出，就連去住家後院也必須圍著面紗。儘管哈姆迪在巴黎度過人生的青春歲月，回國後也經常與西方人交流、熱愛西方文化，但對於家庭生活，他似乎偏好傳統模式。

女性意識的崛起遠落後歐洲

雖然鄂圖曼帝國在十九世紀後半葉吹起近代化的新氣象，然而女性對社會的參與還處於起步階段。在鄂圖曼帝國，小說家法蒂瑪．阿里耶．杜普茲（Fatma Aliye Topuz）是王室成員以外最早活躍於社會的女性之一。

阿里耶是歷史家阿何梅特．杰夫戴特帕夏（Ahmed Cevdet Paşa）之女，一八六二年生，和瑪麗幾乎是同一世代。在比阿里耶年輕一輩的哈莉黛・埃迪布時代，女性不僅在文藝領域表現出色，於政治上也絲毫不遜於男性。瑪麗必須過著「籠中鳥」的生活，與許也是因為她所處年代較早的緣故。

瑪麗雖然改用奈莉這個穆斯林名字，但未改信，維持基督教徒身分。她比丈夫哈姆迪長壽，死於一九四三年，葬在伊斯坦堡的基督教徒墓地。

3　擔任考古學博物館館長大展身手

亞洲第一個憲政國家的誕生

哈姆迪除了繪畫，也同時擔任帝國官員，從事各項職務。然而一八七八年他決定辭去官職，專心作畫。

此時，鄂圖曼帝國正面臨一個重大轉折。

一八七六年，因改革派政變，阿布杜勒阿濟茲被廢，在米德哈特帕夏的主導下，制定鄂圖曼帝國憲法。於是，比日本明治憲法制定（一八八九年）率先一步，亞洲第一個憲政國家就此誕生。

然而，一八七八年，俄軍攻進伊斯坦堡郊區，在亡國危機四伏的局勢下，蘇丹阿布杜勒哈密德二世停止憲法，開始長達三十年的獨裁專政。

在這動盪年代，哈姆迪的父親埃德漢於一八七七年二月任職大宰相，但因無法承擔重任，不到一年便辭官而去。

就任「天職」的帝國博物館館長

以上，便是哈姆迪甘願「英年隱居」的背景。相信包含埃德漢在內，周遭所有人都詫異不已，也一定有人要他改變主意，然而對哈姆迪來說，接下來的幾年是他身為畫家過得最充實的時光。他以伊斯坦堡藝術俱樂部為活動據點，在多個展覽會上展出作品。他的代表作品之一《兩個少女樂師》（Two Musician Girls），便是在此時完成。

儘管如此，鄂圖曼政府不可能一直放任大概是當時帝國中最通曉西方文化及文明的哈姆迪無官無職。一八八一年，哈姆迪就任帝國博物館館長。哈姆迪雖然不喜當官，但這份工作似乎是他的天職。從此，他任職館長長達三十年直到人生終點。

為了獲得西方列強認可，躋身文明國家

鄂圖曼帝國的博物館先驅是拜占庭帝國時期興建的神聖和平（Aya Irini）教堂，位在托卡比皇宮境內。這棟已不再作為教堂使用的建築物中，不知不覺間開始保存舊兵器及遺物。

因此，一八六九年在教育大臣命令下，這座教堂改造成帝國博物館，正式對外開放。對

《兩個少女樂師》，奧斯曼．哈姆迪畫，1880 年作品

於渴望以一個文明國家身分獲得西方列強認同的鄂圖曼帝國來說，博物館和世界博覽會同樣具有重要的象徵意義。

然而，博物館在帝國穩固扎根的時機未到，政治家們角力競爭之下一個意念，很快就又被關閉。一八七二年，韋菲克帕夏任職教育大臣後，博物館又重新開館，並任命奧地利人飛利浦．安敦．戴提（Philipp Anton Dethier）擔任館長。

神聖和平教堂雖然比不上聖索菲亞清真寺，仍具有一定規模。不過，隨著館藏物品的日積月累，空間漸漸足也是莫可奈何。

成為新帝國博物館的「磁磚亭」

於是，神聖和平教堂僅留下兵器（這些蒐藏品成為現在軍事博物館前身），至於考古學文物，則搬移至同樣位在托卡比皇宮境內，由梅赫梅德二世興建的「磁磚亭」（Çinili Köşk）保管。

這棟新帝國博物館（現考古學博物館前身）於一八八一年八月三日開館，並為此舉辦了盛大開幕儀式。然而，幾乎在開館同時，戴提館長便因病去世。

於是，後續的接任館長由哈姆迪雀屏中選。哈姆迪身為實質的首屆館長，於帝國遺物的挖掘及管理發揮本領，不負眾望。

被埋沒的古蹟價值

鄂圖曼帝國的國土是擁有世界最古老歷史

的地區之一。

若列舉安那托利亞知名遺跡，西有荷馬《伊利亞特》中知名的特洛伊遺址，中部有西臺王國（Hittites）城市哈圖沙（Hattusa），東南方則有坐擁著名內姆魯特山（Nemrut Dağ）神殿的卡美琴尼王國（Kingdom of Commagene）遺跡（這三處遺址皆已列為世界遺產），羅馬時代的遺址更是隨處可見。

當然，鄂圖曼帝國遼闊的疆域，遠遠超出安那托利亞的範圍。例如，在底格里斯河、幼發拉底河兩河文明搖籃之地的敘利亞、伊拉克，也不乏巴比倫（Babylon）等古代遺跡。

然而，包含鄂圖曼帝國在內，歷代穆斯林諸王朝的統治者對於伊斯蘭時代以前的遺跡，基本上多抱持冷漠態度。面對異教徒以前興建的遺跡，他們不會積極破壞，但也不會當作屬於自己國土的珍貴遺產而加以保護。

不過，埃及金字塔既已成為民眾誠心崇拜的對象，鄂圖曼帝國梅赫梅德二世讚嘆希臘遺跡的事蹟亦時有所聞，所以還是持有一定的尊重。

歐洲考古學家發現特洛伊遺址

十九世紀以後，歐洲考古學家開始關心遍布在鄂圖曼帝國國土上的古代遺跡。一八七〇年代，最具象徵意義的事件，是德國業餘考古愛好者海因李希・希里曼（Heinrich Schliemann）發掘前述特洛伊遺址（不過，正如大村幸弘指出，該遺跡是否真的為特洛伊，仍有待商榷）。十九世紀末，歐洲考古學家在帝國各地的發掘活動逐漸升溫。

最大問題是出土文物的所有權歸屬。希里曼將特洛伊的出土文物帶往希臘王國，對此帝國博物館館長戴提遠赴雅典提出抗議。然而，抗議最終沒有成功，便草草結束。

制定法律限制外國人攜帶出土文物出國，大概就是在這時期。根據該法規定：「出土文物三分之一屬於發掘者，三分之一屬於鄂圖曼帝國政府，三分之一屬於土地所有人。」然而，這項規定雖然是為了限制出土文物流出國外，卻不是完全合理的法律。

哈姆迪參與該法修訂，並於一八八四年原則上禁止將出土文物運送出境。然而，走私實際上難以取締，蘇丹也會將出土文物贈予西方人作為恩賜。出土文物的竊盜及走私已是土耳其根深蒂固的問題，時至今日，依舊時常可見新聞報導。

不僅是畫家，同時也是考古學家

哈姆迪不僅以帝國博物館館長身分蒐集並保護文化遺物，更是鄂圖曼帝國第一位考古學家，親自參與帝國各地的發掘活動。

內姆魯特山遺蹟與哈姆迪

前述的內姆魯特山，或位於黎巴嫩的腓尼基（Phoenicia）都市國家賽達（Saida，西頓〔Sidon〕）的發掘，皆是他的代表作。尤其，在賽達挖掘出刻有英勇浮雕的「亞歷山大大帝石棺」，仍是今日考古學博物館的展示重點。

透過這些活動，帝國博物館的展示品逐漸增加，並於一八九一年經法籍建築師亞歷山大・瓦勞利（Alexander Vallaury）一手打造全新建築物，適合存放從遼闊又富有歷史疆域中蒐集而來的文物遺產（最終完成於一九〇八年），而這棟巍然屹立於「磁磚亭」前方的建物，正是今日考古學博物館本館。

從憲政國家一變，改採獨裁政治的阿布杜勒哈密德二世

哈姆迪擔任館長並以考古學家身分參與各種活動的時期，幾乎與蘇丹阿布杜勒哈密德二世的統治期間相吻合。

阿布杜勒哈密德二世是一名毀譽參半的蘇丹，他任內不但中止了米德哈特帕夏竭盡全力才終於制定、順利頒布的鄂圖曼帝國憲法，執行長達三十年的獨裁專政，更將包含米德哈特在內的憲政主義者處死或流放，並審查出版，獎勵密告。

他利用伊斯蘭教作為強化君主威權及統治國內的手段，也是眾所周知的事。派遣軍艦埃爾圖魯爾號前往日本，也是為了在旅途中於東南亞洲穆斯林諸國宣揚泛伊斯蘭主義（Pan-Islamism）的政策一環。

基於上述種種因素，阿布杜勒哈密德二世統治期間，長期以來一直被認為是鄂圖曼的「黑暗時期」。但與此同時，這段期間國內迅速擴大鐵路、電信、郵政等基礎建設，教育制度及官僚制度的發展也遠遠超過再秩序化時期，這些也都是不爭的事實。

達成文化發展的黑暗時期，進一步爆發突厥青年革命

政治思想雖然確實受到壓迫，但表現非政治性格的出版活動倒是十分興隆。哈姆迪參與的博物館及發掘等活動，也都因阿布杜勒哈密德二世時期的文化發展而受益良多。

此外，哈姆迪為了培育下一代藝術家，亦兼任一八八二年正式創校的鄂圖曼藝術學校校長。這所學校興建於帝國博物館園區內，為今日錫南藝術大學前身。

一九〇八年，一群青年軍官要求恢復憲政，爆發突厥青年革命（Young Turk Revolution），阿布杜勒哈密德二世長期的獨裁專政終於落幕。在這場革命中，哈姆迪的立場為何並不清楚。

值得玩味的是，哈姆迪在革命熱潮尚未消褪的一九〇九年，畫了一幅革命英雄之一的恩維爾帕夏（Enver Paşa）肖像畫。在哈姆迪眾多作品中，政治家或軍人肖像畫十分罕見。或許，哈姆迪非常期待鄂圖曼帝國這個名為憲政的新時代來臨。

然而過沒多久，一九一〇年二月二十四日哈姆迪便在伊斯坦堡博斯普魯斯海峽沿岸的海邊府邸中過世，享年六十八歲。最後在聖索菲亞清真寺舉行隆重葬禮，他的遺骸則埋葬在哈姆迪深愛的艾斯基訶薩（Eskihisar）之地（馬爾馬拉海東北岸）。後來由哈姆迪胞弟哈利・埃德漢（Halil Ethem）接任帝國博物館館長，繼承兄長大業，直到帝國滅亡。

對畫家哈姆迪的評價——他是東方主義畫家嗎？

繪畫創作，也許是多才多藝的哈姆迪畢生最熱衷的活動。最後，讓我們來看看世人對這方面的評價。

近代西洋美術中，有一派系稱為東方主義。

東方主義在十八世紀末，以法國將軍拿破崙遠征埃及與浪漫主義興盛為開端，隨著十九世

《布爾沙大浴場》（The Grand Bath at Bursa），尚 - 里昂・傑洛姆畫，1885 年作品。

紀後半葉世界博覽會的舉辦而成為更大的潮流。代表性畫家有前文提及的德拉克洛瓦、布朗傑，以及尚・里昂・傑洛姆（Jean-Léon Gérôme）、古斯塔夫・阿奇勒・吉歐梅（Gustave Achille Guillaumet）等人。

由西洋畫家描繪的東方主義繪畫，畫中人物及風景不單單只是充滿異域情調的東方色彩，還經常採用暴力或情慾的表現（當然也有畫家不興此道）。他們認為，東方是未開化的野蠻世界，其魅力蘊含赤裸裸的暴力及情色美學。

基於這種對東方刻板印象繪製而成的東方主義繪畫，令西方美術愛好者深深為之著迷。

師承布朗傑且與傑洛姆深交的哈姆迪，一

《武器商人》，奧斯曼·哈姆迪畫，1908年作品

般也被列為東方主義畫家體系。然而，哈姆迪的畫中幾乎不具任何暴力或情色元素。用煽情的表現來吸引鑑賞者的手法，對肩負帝國文化及藝術立場的哈姆迪來說似乎是一種「禁忌」。

舉例來說，前文介紹的《兩個少女樂師》中所描繪的女子身上，就不具任何肉慾或情色的成分，反而給人一種清新感受。同樣的，在俗稱《武器商人》（Silah Taciri）的名作中，儘管出鞘的刀身在某種意義上是畫中「主角」，但這把刀的意象比較像是具有文化價值的藝術品，而非暴力象徵。

換言之，哈姆迪畫作的魅力在於利用輕盈且鮮明的色彩擺脫笨重感，並運用風景和小道具間巧妙的布置喚起異域情調。

畢生傑作《馴龜師》靈感來自日本

最後，讓我們回頭檢視本章前頭介紹的《馴龜師》。

這幅足以稱為哈姆迪畢生佳作的知名作品，繪於他的晚年一九〇六年。畫中老人如前文所述，以哈姆迪本人為原型。針對一臉高深莫測神情的老人，以及在他腳邊蠢動的烏龜，土耳其藝術界提供了各種解讀。

有人說烏龜暗喻冥頑不靈的宗教人士，哈姆迪暗諷他們需要接受教化；有人說這幅畫反映出哈姆迪對帝國博物館的營運及發掘事業不如預期的苦悶……。

然而，歷史研究學家埃德漢·艾登（Edhem Eldem），對那些針對這幅如今堪稱「國寶名畫」《馴龜師》的解讀提出批判。

艾登雖然不是狹義的美術史家，但對哈姆迪的相關文獻進行廣泛研究，並撰寫了多篇論文。艾登聲稱，哈姆迪並不是一個會在畫中傳達訊息的畫家，所以欲從畫作過度解讀藝術家意圖的做法，沒有任何意義。

據說是《馴龜師》靈感來源的插畫，刊載於法國雜誌

根據艾登的說法，烏龜及老人的構圖也不具深遠含意。追根究柢，鄂圖曼帝國並不存在馴龜師這門職業，某個傷透腦筋的研究學者，甚至從鬱金香時期的晚宴採用烏龜當燭台並令其在庭園中行走的故事，尋找《馴龜師》的原

型。

然而，艾登查出一八六九年法國刊行的某本雜誌上，刊載了一幅老人用鼓聲操控烏龜的插畫（據說是受日本畫啟發而繪製）。不僅如此，他還從哈姆迪的信件中確認哈姆迪曾經翻閱過這本雜誌。所以幾乎可以肯定，哈姆迪《馴龜師》的靈感並非來自鄂圖曼帝國的故事，而是來自法國雜誌的插畫。

艾登的研究可說在土耳其稍微過熱的「哈姆迪熱潮」上澆了一盆冷水。然而，這無損哈姆迪繪畫的魅力。相反的，在定位哈姆迪的成就上，艾登發揮了重要功勞。唯有根據適當證據的評論，才能讓哈姆迪復興，成為一名時至今日依舊是意義非凡的藝術家。

專欄四

貓犬——無法取代的鄰居

鄂圖曼帝國的居民，不光只有人類。造訪今日土耳其，貓、犬旁若無人在街上闊步的模樣，任誰都留下深刻的印象。這種景色，自鄂圖曼帝國時期開始便是如此。

說來，伊斯蘭教究竟是如何看待貓、犬？首先在貓方面，有許多關於先知穆罕默德愛貓的民間傳說。據傳聞，有隻貓睡在先知穆罕默德的袖子上，為了不打擾貓的美夢，先知揮刀斷袖起身。然而，之於犬，則有許多相當嚴苛的傳說，認為犬是不潔動物，曾有蘇丹下令徹底撲殺浪犬。

但是，不論是鄂圖曼帝國或今日的土耳其，都沒有特別鄙視犬的氛圍，原因不明。或許是因為突厥裔遊牧民曾豢養牧羊犬，受其心性所影響。餵養浪犬浪貓的行為被視為善行，在伊斯坦堡街角隨時可見人們向烤肝串店家（ciğer şiş）購買肉串餵食犬貓的身影。此外，十六世紀詩人梅亞力（Me’ali）留下淒美悲歌，悼念失去愛貓的哀戚，由此可知牠們深受人們寵愛猶如親友一般。

這樣的貓犬關係，到了近代，迎來重大轉變。對一個現代化國家來說，浪犬本身或浪犬四處遊蕩的環境，都不是一個「文明國家」應有的形象，基於公共衛生觀點，牠們也理應是被掃蕩的對象。二十世紀初，隨著這些意識的抬頭，伊斯坦堡捕捉三萬頭浪犬，移送馬爾馬拉海的無人島，最後發生浪犬被迫在毫無食物的小島相繼死亡乃至滅絕的悲劇。當然，也有市民反對這項政策，「與其要我殺狗，我寧可去坐牢」，他們如此狂嘯、襲擊圍籠，釋放被捕獲的浪犬。

儘管遊蕩在土耳其街頭的浪貓、浪犬受到人們喜愛，但所處環境一定比室內飼養還要惡劣，暴露在生病、遭遇交通事故等危險之下，平均壽命必定不長。換言之，牠們並不是受人們管理控制或保護的寵物，而是以一個理當有權（包含危險）生活在此的鄰居身分，與人類和平共存。當然，究竟何種形式最為合適，難以一概而論。在此，筆者只想指出，在土耳其孕育的歷史文化遺產，造就了今日當地居民與貓犬間的互動關係。

在伊斯坦堡市場餵食貓群羊肝一幕

第九章

哈莉黛・埃迪布——不撓不屈的「土耳其聖女貞德」

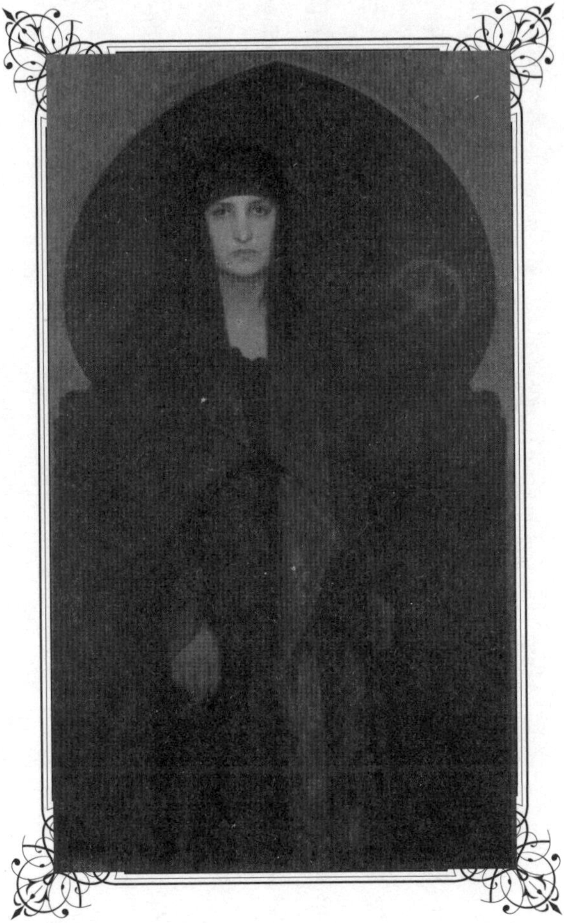

哈莉黛 ・ 埃迪布肖像，阿豐斯 ・ 慕夏畫，1928 年作品。

1　慕夏筆下的土耳其女革命家

「土耳其聖女貞德」肖像

捷克籍畫家阿豐斯・慕夏（Alfons Maria Mucha，有時亦翻成「慕哈」）是新藝術運動（Art Nouveau）代表畫家之一，活躍於十九世紀末至二十世紀初。他在「美好年代」的璀璨巴黎替莎拉・貝恩哈德（Sarah Bernhardt）等知名劇場女伶設計海報而聲名大噪，並於畫家生涯的後半段繪製系列巨作《斯拉夫史詩》（Slovanská epopej），以民族主義畫家的身分名揚四海，在日本亦相當受歡迎，時常舉辦慕夏畫展。

一九一四年，慕夏繪製蘇雷曼一世攻打匈牙利要塞錫蓋特堡（Szigetvár）（一五六六年）的場面，列入《斯拉夫史詩》系列之一。在這場戰役中，最終雖然攻陷了城池，但蘇雷曼一世在攻陷之前即病逝。慕夏在這幅畫中，描繪斯拉夫民族——要塞指揮官為斯拉夫裔——對抗帝國的英勇行為。

在那十多年後的一九二八年，步入晚年的慕夏在捷克西部茲比羅赫（Zbiroh）這座城鎮遇見一名土耳其女性，並為其繪製肖像。女子名叫哈莉黛・埃迪布，身披黑色面紗及衣裳，乍看下宛如喪服。銳利的眼神，堅毅高挺的鼻梁，加上緊閉的雙唇，似乎在表明她擁有堅韌意志。據說哈莉黛的實際身高不到一百五十公分，但畫中女子所表現出來的氣勢，讓人感受不到她身型嬌小。

哈莉黛在少女時期便以作家身分步入社會，並在第一次世界大戰因戰敗而被占領的帝都伊斯坦堡中，果敢地從事抗爭活動。她一見抗爭局勢不對，便立刻逃離伊斯坦堡，投靠穆斯塔法・凱末爾（・阿塔圖克）指揮的安那托利亞國民軍，取得軍人身分，於前線奮戰。土耳其共和國成立後，她與穆斯塔法・凱末爾劃清界線，逃亡歐美，積極從事寫作。

如此戲劇性的一生，哈莉黛可能是鄂圖曼帝國王室以外最知名的女性。

慕夏在《斯拉夫史詩》中將土耳其人描繪成敵人。然而，在哈莉黛的肖像畫中，絲毫看不出慕夏對土耳其人可能抱有的敵意或偏見。描繪斯拉夫民族抗爭歷史的慕夏，或許對這位人稱「土耳其聖女貞德」獻身於獨立運動的女子，產生了某種共鳴。

少女時期

哈莉黛的父親名叫梅何美特・埃迪布（Mehmet Edib），原為薩洛尼卡出身的猶太教徒。如今這座城市已改名為塞薩洛尼基，當時猶太教徒占了約一半人口。埃迪布成人後改信伊斯蘭教，在

少女哈莉黛，9 歲左右照片。

地方擔任會計相關官員，之後升任阿布杜勒哈密德二世住所的耶爾德茲宮（Yildiz Sarayi）中的會計官，獲得一份十分體面的職位。

哈莉黛生於一八八四年。滿心期待男兒出生的埃迪布，在孩子出生前，便已想好要取哈里德（Halit）這個男性名字。哈里德（以阿拉伯文發音標記為 khālid）是活躍於正統哈里發時期（六三二至六六一年）、榮獲「神劍」（Sayf Allah）稱號的將軍名。埃迪布得知期盼已久的孩子是個女娃後，大失所望，最後將這勇猛英雄的哈里德之名，改為女性用的名字（Halide），來為女兒命名。

母親法蒂瑪・貝崔翰（Fatma Bedrifem）生下哈莉黛後不久便去世，哈莉黛在祖母家中長大成人。哈莉黛的少女時期與異父姊姊瑪荷慕・阿布拉（Mahmoure Abla）一同在祖母家中度過，對她來說，這段時期似乎充滿了幸福回憶。哈莉黛後來寫了一本自傳，題名為《紫藤之家》（Mor Salkımlı Ev），替這棟房子取了一個暱稱。據說哈莉黛從小便喜歡聽故事，或許就是在那個時候，養成了她後來成為小說家的素質。那時，她最愛巴塔爾加齊（Battal Gazi，傳說中的突厥英雄）及正統哈里發阿里（先知穆罕默德的女婿）的故事，他們都曾是少女哈莉黛的英雄。

埃迪布希望女兒接受現代教育，於是他選擇了一所位於伊斯坦堡亞洲地區，余斯屈達爾區（Üsküdar）的美國女子學校。該校有來自各種民族——其實多達十三種民族——的學生就讀，其中大多為基督教徒的亞美尼亞人及希臘人，像哈莉黛一樣的穆斯林少之又少。哈莉黛在美國學校學習英文，接觸西方思想，並且在與朋友互動時，學會了簡單的亞美尼亞文及希臘文的口語會話。

對哈莉黛而言，那段學校生活收穫豐碩。然而，在宣揚伊斯蘭主義的阿布杜勒哈密德二世時期，就職於宮廷的父親讓女兒就讀美國學校，並不是一件有名譽的事。埃迪布不得已只好讓哈莉黛退學，另外聘請家庭教師。

與家庭教師的第一段婚姻

埃迪布為女兒挑選的家庭教師，各個天賦異稟，學識淵博。曾經對於女兒而非兒子出生一事感到失落的埃迪布，這時似乎已經開始對聰穎的愛女寄予厚望。

薩利赫・澤奇（Salih Zeki）身為家教一員，負責教授哈莉黛數學。薩利赫求學於法國，是眾人讚賞的高材生，尤其在數學及天文學領域成就非凡，實為鄂圖曼帝國末期科學史的領導人物，人稱「土耳其科學史之父」。薩利赫第一次見到小他二十歲的哈莉黛便向她求婚，並徵得哈莉黛

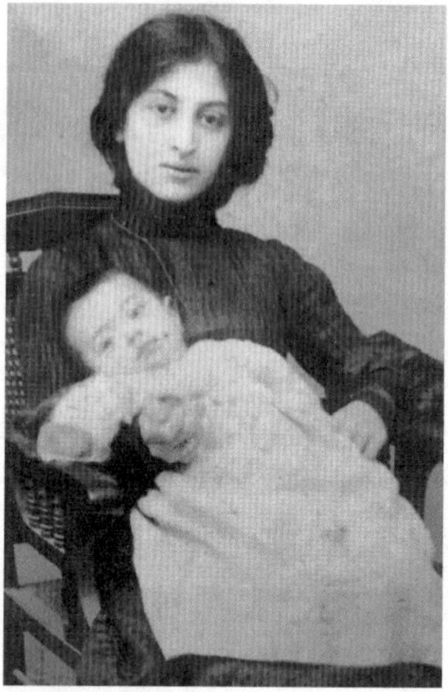
抱著兒子的哈莉黛

父親同意。那一年是一九〇一年，哈莉黛十七歲。

哈莉黛與薩利赫育有二子，次子哈桑（Hasan Hikmetullah Togo）的中間名字為「Togo」（東鄉），這是為了向一九〇五年聯合艦隊司令長官東鄉平八郎，在日本海海戰擊潰俄羅斯波羅的海艦隊致敬。十八世紀後半葉，鄂圖曼帝國百姓飽受俄羅斯南進侵擾，對他們而言，東方新興國家日本擊潰俄羅斯帶給他們極大的希望。然而，「Togo」只是一個中間名，實際使用的頻率似乎並不高。

薩利赫似乎把比他年輕許多的哈莉黛當成被保護人，而不是伴侶。他希望哈莉黛待在家中，而不是在社會上活動，而且據說薩利赫甚至從不隱瞞自己另有情婦的事實。在工作上他雖然思想開放，但家庭觀依舊傳統保守，這一點與前章提及的奧斯曼·哈姆迪十分雷同。

對於生性活潑、喜好社交的哈莉黛來說，年長丈夫的拘束逐漸形成壓力，造成她一度精神崩潰。結果，兩人於一九一一年離婚。兩人離婚後，薩利赫繼續擔任大學教授，同時大力撰寫科學史，最後於一九二一年因精神疾病去世。

2 以女性主義者、民族主義者、小說家為志

第二次憲政時期的哈莉黛——身為女性主義者

突厥青年革命（一九〇八年）恢復憲法及議會後，迎來第二次憲政時期。在這段期間內，哈莉黛比以往更積極參與寫作及社會活動。首先，為了避開革命後的混亂，哈莉黛遠赴埃及和英國，回國後於科學館（Darülfünûn，具有大學性質的教育機構，今日的伊斯坦堡大學）教授西洋文學。

「婦女權利提振委員會」也在同一時期成立，目的在於支援女性教育及社會參與。第二次憲政時期雖然瀰漫著自由風氣，但社會上積極活動的女性仍然罕見。在鄂圖曼帝國，王室成員以外的女性積極參與社會活動，以比哈莉黛年長一輩的小說家法蒂瑪‧阿里耶為第一人（參照二〇一頁）。和哈莉黛同世代的女性活動家，例如有皈依猶太人（dönme，十七世紀表面上改信伊斯蘭教，但仍保有猶太教信仰及習慣的團體）出身的女記者莎比哈‧瑟特（Sabiha Sertel）、全力擴展女性權利的內茲赫‧穆希丁（Nezihe Muhiddin）等人。

哈莉黛對推動女性踏入社會及改善女性家庭地位不遺餘力，然而她對同時期英國婦女參政權者（suffragettes）的活動卻持批評態度。婦女參政權者是一群在二十世紀初為推動婦女參政權，不

惜採取激烈行動的婦女激進分子（二〇一五年上映的電影《女權之聲：無懼年代》（Suffragette，日本以《未来を花束にして》為電影題名）便是以她們為題材）。也因此，部分研究員認為哈莉黛不贊成婦女參政權。然而，她並不是絲毫不關心婦女參政權。舉例來說，哈莉黛在一九一二年發表的烏托邦小說《新圖蘭》（Yeni Turan）中，便描述婦女擁有參政權的理想社會，同一時期的某英國人曾將她形容成婦女參政權的擁護者。順帶一提，土耳其於一九三四年通過男女平等享有參政權，與歐美諸國相比，不算太晚（英國為一九二八年，日本為一九四五年）。

耐人尋味的是，在一九一九年舉辦的議會選舉上，當時女性尚不具有被選舉權，當然也無法參加競選，然而當時頗富盛名的哈莉黛卻在部分地區獲得選票。這意味著，部分有權人士並不介意由婦女擔任議員。

第二次憲政時期的哈莉黛——身為民族主義者

在這段期間，哈莉黛亦加入突厥民族主義者團體「突厥爐邊」（Türk Ocakları），因而結識齊亞·格卡爾普（Ziya Gökalp）等突厥主義思想家（idéologue），學習到許多相關知識。如後文陳述，她在伊斯坦堡被占領後，持續以愛國者身分勇敢活動。

儘管如此，哈莉黛並不是一個心胸狹隘的民族主義者。她不僅與知名亞美尼亞籍音樂家科米塔斯（Komitas Vardapet）深交，更全力協助科米塔斯加入「突厥爐邊」成員，亦對亞美尼亞人在一戰中慘痛的遭遇發文悼念。哈莉黛確實是一個民族主義者，但她並沒有因此排斥其他民族或宗教。在這層意義上，哈莉黛或許可說是「鄂圖曼主義」（自再秩序化改革以後倡導，不問民族、宗教，人人平等的思想）的代言人。

哈莉黛還應海軍指揮官阿何美特・杰馬帕夏（Ahmet Cemal Paşa，主導突厥青年革命，統一進步委員會〔İttihat ve Terakki Cemiyeti〕領袖之一）要求，前往敘利亞，竭盡推動教育，保護孤幼。看到哈莉黛如此積極付出，亦有人稱她為「土耳其的母親」。

第二段婚姻

毫無疑問的，對與哈莉黛共事的男性來說，她一定是一位極具魅力的女性。突厥民族主義①運動領袖之一的尤素夫・阿克楚拉（Yusuf Akçura）便是其中一人。阿克楚拉為韃靼人，出生於俄羅斯帝國喀山（Kazan），因受俄羅斯當局壓迫，逃亡鄂圖曼帝國，著有《三大政治路線》（Üç Tarz-ı Siyaset，一九〇四年），被視為泛突厥主義宣言，提倡突厥民族團結合作。阿克楚拉在論述中呼籲，鄂圖曼帝國突厥人及中亞突厥人應聯手共同對抗俄羅斯在內的列強。突厥青年革命後，組織前述「突厥爐邊」，創辦期刊《突厥人的祖國》（Türk Yurdu），宣揚其思想主張。阿克楚拉

再婚對象阿卜杜哈克．阿德南與哈莉黛，兩人於歐洲逃亡期間拍攝的照片

與哈莉黛因「突厥爐邊」活動而愈走愈近，他還向友人坦承自己深受哈莉黛所吸引，對方也對自己抱有好感，但因哈莉黛父親原為猶太教徒，無法和她結婚。

最後，哈莉黛再婚的對象是阿卜杜哈克・阿德南（Abdülhak Adnan Adıvar）。阿德南出生於伊斯蘭學者名家，可追溯至十六世紀。阿德南自醫學院畢業後，因痛恨阿布杜勒哈密德二世的獨裁政治，前往德國留學，於突厥青年革命後回國，從事軍醫。這位耿直的醫生比哈莉黛年長兩歲，因哈莉黛生病會診而愛上女方。不同於薩利赫，阿德南不會約束女性，想必博得哈莉黛好感。兩人於一九一七年結婚，此後共度一生。

小說家哈莉黛

在此，讓我們一同了解身為小說家的哈莉黛。

哈莉黛是一個早熟的少女。就讀美國學校的哈莉黛擅長英文，一八九七年、也就是在她十三歲的時候，將約翰・阿博特（John Abbot）的英文小說《在家的母親》（The Mother at Home，一八三三年）翻譯成土耳其語，獲得表揚。一八九九年，哈莉黛於報上連載第一篇小說《吉普賽女孩》（Çingene Kızı），不過她是在與薩利赫・澤奇離異後，才認真地以小說家身分發表作品。

哈莉黛的小說大致可區分成三類。

第一類關注婦女處境及教育問題，《家庭》（Handan）、《新圖蘭》為相關代表作。第二類則是以她親身參與的獨立戰爭為題材，根據實際經驗描述，某程度具有紀實文學的價值，代表作為《著火的襯衫》（Ateşten Gömlek）。這部作品於土耳其共和國成立那一年的一九二三年改拍成電影，因第一次有土耳其女性演出而聲名大噪（在那之前，女演員都是非穆斯林）。接著，第三類型則是一系列描繪土耳其家庭與社會的光明與黑暗。《小丑和他的女兒》（The Clown and his Daughter）這部作品是哈莉黛用英文寫成，後來翻成土耳其語，題名為《蒼蠅叢生的雜貨店》（Sinekli Bakkal），描述阿布杜勒哈密德二世時期，生長於伊斯坦堡舊街區的家庭故事，是土耳其最長銷的小說之一。這部小說亦在一九六七年改拍成電影，之後也不斷被拍成影片。

譯注①：原書日文為「青年トルコ人革命」（Young Turk Revolution）常見的中文翻譯是「青年土耳其（黨）人革命」，但本書以凱末爾總統提倡「土耳其民族主義」的時間點為界線，在此以前出現的「トルコ民族主義」，譯為「突厥民族主義」，凱末爾總統以後的「トルコ民族主義」才翻成「土耳其民族主義」。

3 反抗組織的旗手

在遭人侵占伊斯坦堡下的抵抗——成為傳說的哈莉黛

一九一四年六月二十八日，奧地利皇儲在波士尼亞與赫塞哥維納首都塞拉耶佛（Sarajevo）被人暗殺。奧地利向塞爾維亞宣戰後，戰線迅速蔓延，德奧同盟國與英法俄協約國相爭的第一次世界大戰隨即爆發（參照二四八頁）。鄂圖曼帝國加入德國陣線，於高加索、伊拉克、埃及、達達尼爾海峽（Dardanelles Strait）對抗協約國力戰的模樣，出乎協約國意料之外。然而，同盟國無法突破劣勢，一九一八年十月三十日，兵盡矢窮的鄂圖曼帝國簽訂停戰協定，於是帝都伊斯坦堡被以英軍為主的聯軍進駐占領。這是自一四五三年伊斯坦堡成為鄂圖曼帝國首都以來，首次承認外國勢力占據帝都。然而，鄂圖曼帝國政府與蘇丹對協約國卻是唯唯諾諾，畢恭畢敬。

有別於帝國政府的儒弱，安那托利亞各地發生了幾場零星的反抗運動（resistance）。此外，一九一九年五月十五日，希臘王國軍在英國支持下，於伊茲密爾（İzmir）登陸，引起鄂圖曼帝國輿論沸騰。希臘王國舉著「偉大的理想」（Megáli Idéa）口號，夢想復興拜占庭帝國，成為瓦解鄂圖曼帝國的先驅。

在這種情況下，伊斯坦堡法提赫區、卡德柯伊區紛紛出現抗議集會，哈莉黛每次都以演講人身分參與。其中最大型的抗議集會發生在五月二十三日的蘇丹艾哈邁德區。如今的蘇丹艾哈邁德區已然成為伊斯坦堡最大觀光地區，那場集會據說聚集了二十萬名群眾。這數字總讓人覺得有些灌水，但絕對是前所未有的規模。哈莉黛在集會上大聲疾呼，不僅要抵抗占領軍，還希望透過各國民眾的國際團結，一同克服眼前的危機時刻。聚集群眾為之瘋狂，這場演講也讓哈莉黛的名字成為傳奇。

哈莉黛的活動不限於組織集會，有時她們會在伊斯坦堡各地張貼抗議文宣，就連戒備森嚴的大宰相府外牆也不放過，堅持到底。

抗議集會中的哈莉黛

此外她還參與走私任務，私下從占領軍監控的軍火庫將武器彈藥偷運給安那托利亞的反抗組織。據說，她最後成功將三百二十把機關槍、一千五百把步槍、一門大炮、兩千箱彈藥、一萬件軍服運送至安那托利亞。

在此情況下，占領軍當局逐漸加強監視及

施壓。哈莉黛的私宅被密探跟監，甚至傳出哈莉黛被捕的傳聞。哈莉黛意識到再繼續待在伊斯坦堡活動十分危險，於是決定和丈夫阿德南一同逃離伊斯坦堡，與安那托利亞的反抗組織會合。

獨立戰爭──哈莉黛上士的奮戰

一九二〇年三月，哈莉黛逃到安那托利亞，在安卡拉與反抗組織──如今稱為國民軍的反抗軍團會合。國民軍的領導人為第一次世界大戰英雄穆斯塔法・凱末爾，當時許多將軍及愛國人士聚集在他底下，對抗占領軍及希臘王國軍，防止祖國分裂。

哈莉黛在國民軍首先被任命為下士，不久便升任上士。當然，這些任命並非只是「裝飾」。哈莉黛的任務之一是在紅新月會（土耳其紅十字會的名稱）從事醫療活動，她的「真實本領」──也就是情報蒐集（intelligence assessment）──更在另一項任務中充分發揮。哈莉黛參與安那托利亞通訊社（現土耳其最大國營通訊社）的創設，利用流利的英文，與海外各大大眾媒體接觸，進行宣傳及情報工作。

針對國民軍的活動，鄂圖曼帝國政府以穆斯塔法・凱末爾為頭號目標，將包含哈莉黛與阿德南在內的七人判處死刑。國內尚有許多人支持鄂圖曼帝國政府與君主蘇丹，所以一旦被這些勢力捕獲，她們性命難保。因此為了以防萬一，哈莉黛與阿德南開始隨身攜帶自裁毒藥。

在獨立戰爭期間，凱末爾與哈莉黛兩人亦曾傳出戀愛傳聞。擁有強烈領導氣質的凱末爾，與國民軍領導層唯一女性的哈莉黛之間，的確難免會傳出類似傳聞，近幾年甚至有描寫兩人愛恨情仇的小說出現。然而，誠如後文，哈莉黛強烈反對凱末爾的獨裁手段。兩人之間的特殊情誼，似乎有別於哈莉黛與阿克楚拉之間的感情，僅止於旁人說三道四的流言蜚語。

儘管英國提供希臘軍最新裝備，逼得國民軍節節敗退，後者依舊在一九二一年一月爆發的伊諾努戰役（Battle of İnönü）中險勝。然而，希臘軍於同年八月發動全面攻勢，直驅國民軍安卡拉大本營近郊。

同月，國民軍與希臘軍在安卡拉西方薩卡里亞（Sakarya）一決勝負。哈莉黛不想躲在戰線後方，待在凱末爾所在司令部待命，儘管此處不會直接面對槍林彈雨，但前線一旦崩潰，勢必會危及生命。生死決鬥持續二十二天後，希臘軍終於撤退。翌年八月，國民軍抵達伊茲密爾，希臘軍完全撤出安那托利亞。至此，獨立戰爭終於結束。

穆斯塔法・凱末爾（左）與哈莉黛

一九二二年，凱末爾將末代蘇丹瓦希德丁

（Mehmed VI Vahideddin，一九一八至一九二二年在位）驅逐海外，於是持續六百年的伊斯蘭大國——鄂圖曼帝國正式滅亡。翌年一九二三年，凱末爾發表共和制宣言，成立土耳其共和國，就任第一任總統。

與凱末爾決裂，開啟歐美逃亡生活

凱末爾在獨立戰爭期間身為軍事領袖的出色表現，無可爭議。雖然他經常採取強硬行動，但正因事態緊急，所以那些強硬行為也獲得了支持。如今戰爭已經結束，在建立新國家的摸索過程中，與凱末爾心中願景持不同意見的人也不在少數，包含比凱末爾更早在安那托利亞進行反抗活動的卡齊姆・卡拉貝基爾（Musa Kâzım Karabekir）將軍，哈莉黛及阿德南等支持獨立戰爭的戰友也名列其中。他們於一九二四年成立在野黨進步主義者共和黨（Terakkiperver Cumhuriyet Fırkası），對抗凱末爾率領的執政黨共和人民黨（Cumhuriyet Halk Partisi）。

然而，凱末爾卻採用死刑或流放等激烈手段，殲滅以往志同道合的同志（參照二五七頁）。不過哈莉黛和阿德南及早察覺土耳其政壇動盪不安的氣氛，在事件爆發前一刻，遠渡歐洲，成功逃過一劫。從此，兩人被迫過著流亡生活，遠離祖國十餘載。

哈莉黛原被尊為反抗運動與獨立運動英雄，譬為「土耳其聖女貞德」，並獲得「土耳其人的母親」的讚譽，轉眼間飽受土耳其媒體各方批判。哈莉黛在伊斯坦堡活動期間，因美國總統威爾遜（Woodrow Wilson）於第一次世界大戰後發表著名的「十四點和平原則」（the Fourteen Points），提出尊重民族自決理念，而贊成應由美國——而非英法——委任統治土耳其的論點。最後，由於美國無法取得多數支持，委任統治因而中斷，不過土耳其媒體卻對流亡的哈莉黛大肆抨擊，在她身上貼上「委任統治主義者」的標籤，斥責她是「欲將祖國出賣給美國人的叛徒」，甚至針對第二段婚姻，刻意毀謗是少女哈莉黛誘惑薩利赫‧澤奇，攻擊她的品德。

哈莉黛雖然無法重返祖國，但在逃亡地，她依然積極活動。

流亡後不久，哈莉黛便用英文寫了兩本自傳，一本是描述少女時期的《回憶錄》（The Memoirs of Halide Edib，土耳其譯本書名為《紫藤之家》），另一本則是《土耳其人的試煉》（The Turkish Ordeal，土耳其譯本書名為《土耳其人火焰的審判》〔Türkün Ateşle İmtihanı〕），回顧獨立戰爭時期，可說是《回憶錄》的續篇。

前者是珍貴的歷史資料，可以從中一窺阿布杜勒哈密德二世時期，中產階級的家庭生活，後者則詳細描述哈莉黛在敵軍占領後的伊斯坦堡及獨立戰爭中的行動。尤其，在《土耳其人的試煉》一書中，哈莉黛雖未否定凱末爾的才能，卻對他的獨裁行為提出嚴厲批判。相較於共和國官方欲將獨立戰爭的勝利，全數歸功於天才凱末爾一人功勞，這部作品大舉推翻了前述歷史觀點。

在逃亡地的哈莉黛，據說她是個老菸槍。

哈莉黛主要在英國及美國活動，多次與東方研究學者亞伯特・萊百爾（Albert H. Lybyer）、歷史學家阿諾・湯因比（Arnold Toynbee）等知識分子交流。她與本章開頭提及的畫家阿豐斯・慕夏，也是在流亡期間相遇。

此外，哈莉黛受印度友人邀約，在印度獨立運動期間訪問印度，並用英文演講，當時的演講紀錄後來以《土耳其的東西方衝突》（Conflict of East and West in Turkey）為題出版。她亦曾至印度獨立運動領袖甘地（Mahatma Gandhi）家中拜訪，為其簡樸及誠意待人的氣質讚嘆不已。

重返土耳其

穆斯塔法・凱末爾因《姓氏法》（Surname Law）制定（一九三四年），由土耳其大國民議會授予「阿塔圖克」的姓氏，一九三八年凱末爾死後，逃亡海外的政敵陸續踏上歸鄉之路，其中亦包括哈莉黛及阿德南（兩人獲頒「阿杜瓦」〔Adıvar〕的姓氏）在內。

哈莉黛回到土耳其後，於伊斯坦堡大學文學院任職英文暨英文文學教授，成為土耳其第一位女教授，並參與當時教育部大臣哈桑・阿里・尤傑（Hasan Âli Yücel）推動的西方古典翻譯計畫，將莎士比亞《哈姆雷特》等古典文學翻譯成土耳其語。回國後，哈莉黛持續創作小說，但一般評論認為，她在這段時期的作品乏善可陳。

一九四五年，廢除共和人民黨一黨專政，實施多黨制以後，一九五〇年在野民主黨獲勝，土耳其共和國首度發生政黨輪替。哈莉黛於一九五〇年至一九五四年擔任民主黨議員，但與傑拉・拜亞（Mahmut Celâl Bayar）總統志趣不合，任滿一屆便辭去議員。

哈莉黛還強烈反對一九五一年制定的《阿塔圖克擁護法》（Atatürk Aleyhine İşlenen Suçlar Hakkında Kanun〔No. 5816〕，禁止批判阿塔圖克的法律）。或許對於同為革命世代，深知阿塔圖克功與過的哈莉黛來說，絕不允許世人將其神化。儘管如此，哈莉黛在晚年的一九六二年親自參與監修自傳土耳其譯本《土耳其人火焰的審判》時，已將英文原作中對阿塔圖克的嚴厲批判，改用更柔和的方式表達。

哈莉黛的晚年

哈莉黛的夫婿阿德南於一九五五年七月一日去世，葬禮十分盛大，當時的總理孟德勒士（Ali Adnan Ertekin Menderes）亦親赴弔唁。

阿德南雖然也曾任職民主黨議員，但與哈莉黛同樣，任滿一屆後便從政界引退。當時，他將重心擺在學者——而非醫師或政治家——的活動，執筆撰寫《鄂圖曼土耳其科學》（La Science Chez les Turks Ottomans）、《人類史上的科學與宗教》（Tarih Boyunca *İlim* ve Din）等名著。值得一提的是，阿德南自一九四〇年起擔任總編輯，集結土耳其各大學術團體力量，編修《伊斯蘭百科全書》（Encyclopaedia of Islam，英文版伊斯蘭百科全書的土耳其譯本，不過大幅增補了土耳其相關項目的內容）。

哈莉黛晚年

哈莉黛死於一九六四年一月九日，比阿德南晚約十年，享年八十歲。她位在伊斯坦堡的住處早已被拆除，留下的書本及文件也大多遺失，最後哈莉黛被埋葬在梅克澤芬迪公墓（Merkezefendi Mezarlığı），就位在伊斯坦堡大城牆外圍，如今依舊長眠在夫婿阿德南身旁。

儘管哈莉黛十分活躍，但在土耳其共和國中的聲望並不高，這應該全然是因為她批判了必須是無懈可擊的阿塔圖克的豐功偉業。舉例來說，在土耳其共和國史的教科書中，僅提到哈莉黛是希望由美國委任統治的人物。

不過，近年來開始正式出版哈莉黛傳記，文學雜誌推出哈莉黛的專題報導，種種跡象顯示哈莉黛聲望復甦的可能。或許，哈莉黛的成就獲得應有肯定之期，指日可待。

第十章 穆斯塔法・凱末爾——土耳其建國國父阿塔圖克

穆斯塔法・凱末爾肖像，納茲米・齊亞・古蘭畫。

1 重視教養的青年士官

榮獲「阿塔圖克」土耳其國父之譽的男人

本章開頭展示的肖像畫出自土耳其印象派畫家納茲米・齊亞・古蘭（Nazmi Ziya Güran）之手。古蘭是古拉尼──征服伊斯坦堡的梅赫梅德二世的老師──的後代子孫，於奧斯曼・哈姆迪創校的鄂圖曼藝術學院學習繪畫，但他不滿足於此，遠赴巴黎留學，師承法國畫家。一九一四年第一次世界大戰爆發後，古蘭和其他留學生一同回國，這群人後來被稱為「一九一四年世代」（1914 Generation），成為土耳其藝術界的重要人物。

畫中這名男子，名叫穆斯塔法・凱末爾。

凡是拜訪土耳其共和國的旅客，一定都曾拜見過他的尊容，不論是在街角、室內、還是繁華中心，他的肖像畫及巷雕像可說是遍布土耳其各地。在凱末爾晚年的一九三四年，土耳其大國民議會頒給他「阿塔圖克」的姓氏，意為「土耳其人的父親」，如今他便是以這個姓氏受人敬仰。

在第一次世界大戰戰敗後，領導瀕臨亡國的鄂圖曼帝國對抗列強的獨立運動，成為現在土耳其共和國建國國父之人，正是他本人。

本書最後壓軸，就是這位替維持六百年國命的鄂圖曼帝國送終的土耳其國父。

英雄誕生

凱末爾在出生時，被取名為穆斯塔法，生年不詳。

根據他母親祖貝黛（Zübeyde Hanım）的說法，穆斯塔法出生於伊斯蘭曆一二九六年（換算成西曆為一八八〇年三月十三日至一八八一年三月十二日期間）的冬天。穆斯塔法・凱末爾後來自行將一八八一年定為正式的出生年分。

穆斯塔法出生的城市薩洛尼卡，是通往西歐的玄關，為當時鄂圖曼帝國僅次於伊斯坦堡及伊茲密爾最具活力的城市。他的父親阿里・魯薩（Ali Rıza Efendi）希望愛子接受現代教育，於是讓穆斯塔法少年就讀皈依猶太人經營的西式小學。

父親事業失敗後在失意中過世，母親祖貝黛帶著他搬到鄉下投靠親戚。然而，一心想要功成名就的穆斯塔法少年，未徵得母親同意，擅自前往薩洛尼卡陸軍高中預科就讀，那一年他十三歲。

少年時期便具有與生俱來軍人必備的數學才能

就讀陸軍高中預科期間，穆斯塔法最擅長的科目是數學。對近代軍人而言，數學知識不可或缺，所以當時的他便已展露豐富的軍事天賦。數學老師穆斯塔法對他的才華分外滿意，同時為了與自己做區隔，便給他取了個意指「完美」的綽號——凱末爾。這個名字和活躍於十九世紀後半葉的愛國詩人奈木克・凱末爾同名，少年凱末爾似乎相當中意，從此開始使用「穆斯塔法・凱末爾」這個名字。

凱末爾從陸軍高中預科畢業後，一八九五年至一八九八年就讀於莫納斯提陸軍高中（Manastır Askerî İdadisi）。凱末爾在該校向教師梅赫梅德・泰伍菲克（Mehmet Tevfik Bilge）學習歷史，受到深遠影響。

凱末爾對於詩詞創作亦有濃厚興趣，，據說他曾經因為太沉迷於詩作，而被老師警告。學法文、熟讀伏爾泰、盧梭等法國思想家巨作，也是在這段期間。他認為一個優秀的軍官，必須擁有歷史、詩歌、乃至哲學素養的想法，這時便已表露無遺。

凱末爾以第二名成績自陸軍高中畢業後，一八九九年進入伊斯坦堡陸軍大學就讀。入學時，他在新生七百三十六人中，排名第四百五十九名，成績平平，但第一學年結束時排名二十九名，第二年十一名，最後以第八名成績畢業，展現黑馬姿態。

當時的年代處於阿布杜勒哈密德二世獨裁時期。阿布杜勒哈密德與德國關係友好，聘請德國軍人在當時的陸軍大學任教，其中最有名的便是科爾瑪・馮・德・戈爾茨（Colmar Freiherr von der Goltz）。戈爾茨受西方兵聖卡爾・馮・克勞塞維茨（Carl von Clausewitz）影響，著有《全民皆兵》（Das Volk in Waffen）。他的思想不僅對凱末爾有深刻影響，對當時的青年將士——也就是後來主導第二次憲政的統一進步委員會成員——也有著深厚的薰陶。

阿布杜勒哈密德亦以打壓憲政主義、自由主義的蘇丹著稱。然而，學生間有不少人受新西方思想啟發，凱末爾也是其中一人。他和學伴阿里・傅特・賽貝索（Ali Fuat Cebesoy）秘密參與政治活動，但他們的行動被當局知曉，於是凱末爾與友人曾短暫遭受監禁。儘管如此，當局將他們視為前途無量的有為人才，因此也沒有給予更嚴厲的懲罰。

初次赴任地點敘利亞，接著爆發突厥青年革命

一九〇五年，凱末爾被分派到大馬士革第五營隊。大馬士革為今日敘利亞首都，與巴格達並列為鄂圖曼帝國在阿拉伯地區的重要城市。

阿拉伯地區作為伊斯蘭世界的中心，一直以來十分繁榮，自十六世紀初被謝利姆一世征服以來，受鄂圖曼帝國統治將近四百年。該地居民主要為說阿拉伯語的阿拉伯人，語言及風俗習慣都

與巴爾幹及安那托利亞等鄂圖曼帝國核心區域截然不同。儘管同樣是鄂圖曼帝國疆域，但對於在歐洲氣氛濃厚的薩洛尼卡長大的凱末爾來說，駐守在大馬士革一定充滿了文化衝擊。

凱末爾的任務主要是防範山賊盜匪等的警察活動。凱末爾在此第一次有了實戰體驗，同時亦積極參與政治活動，甚至秘密潛回故鄉薩洛尼卡，組織政治結社。不過，當時凱末爾主持的結社最後由同樣是青年將士組成且勢力逐漸擴大的統一進步委員會所吸收，後來凱末爾亦加入統一進步委員會的最後席次。

二次憲政時代

一九〇八年，爆發統一進步委員會主導的突厥青年革命，阿布杜勒哈密德二世長達三十年的獨裁時期結束。

革命主腦為統一進步委員會領袖之一的恩維爾帕夏，凱末爾軍事、政治上的潛力在這場革命中並沒有太大的發揮。總之，鄂圖曼帝國恢復議會及憲法，開啟第二次憲政時代。

第二次憲政的啟航本應充滿希望，但實則困難重重。翌年發生反革命的政變（三三一事件），雖然很快就被鎮壓（凱末爾在此次鎮壓中亦十分活躍），但鄂圖曼帝國所剩時間不多，幾乎沒有餘裕重整體制。一九一一年，為了爭奪利比亞，與義大利爆發戰爭，從此，帝國戰事接連不斷，直到滅亡。

凱末爾在利比亞戰爭爆發前短暫的安息期間，依舊孜孜不怠。

一九一〇年參訪法國軍事訓練，回國將德國軍事教練教科書翻譯成土耳其語，如此磨練軍事才能的同時，不忘加強他堅信優秀軍人必備的修養。接觸法國社會心理學者古斯塔夫・勒龐（Gustave Le Bon）的著作《烏合之眾》（Psychologie des Foules）等當代最先進的學說，也大概是在這段期間。

2 第一次世界大戰的英雄，主導獨立戰爭

利比亞戰爭

當時，成立於一八六一年的義大利王國，為了加入全球列強行列，正在積極物色可以殖民的地區。然而，那時世界早已被以英國、法國為主的列強各國控制，可容新興義大利乘隙而入的地域並不多。

在此局勢下，義大利看上地中海對岸的利比亞。利比亞當時名目上為鄂圖曼帝國領土，但實質上是受在地阿拉伯籍強大部族所支配的地區。一九一一年，義大利派遣十萬大軍，試圖強占該地作為殖民地。相形之下，利比亞的邊防軍隊只有四千人。

儘管有名無實，鄂圖曼政府仍有義務保衛利比亞這處帝國在非洲僅剩的最後疆域。然而，帝國當時沒有餘力正式出兵，因而派遣數名青年將士，前往當地指揮阿拉伯部族，當中亦可見恩維爾和凱末爾的身影。

凱末爾接受派遣後晉升為少校，經由埃及進入利比亞，和當地阿拉伯部族防守部隊會合。凱末爾帶領他們克服壓倒性的人數差異，讓義軍苦不堪言。凱末爾在此累積了突襲經驗，同時習得如何率領文化背景全然不同的團體打仗。

巴爾幹戰爭

然而，凱末爾等鄂軍士官被迫在一九一二年撤出利比亞，原因是同年十月爆發第一次巴爾幹戰爭。蒙特內哥羅、保加利亞、塞爾維亞及希臘向鄂圖曼帝國宣戰，攻進帝國在巴爾幹半島上僅存的少數領地，帝國政府為了避免雙線作戰，做出極度艱難的決定，放棄利比亞，將其拱手讓給義大利。凱末爾自利比亞撤回後，受命加入駐紮在加利波利①（Gallipoli，土耳其語為格里波魯〔Gelibolu〕）半島的軍隊。

這是凱末爾的第一場大軍對決。

布署在巴爾幹半島的鄂軍，人數不過巴爾幹諸國軍隊的一半，陷入苦戰。保加利亞軍攻占鄂圖曼帝國古都愛第尼，鄂圖曼帝國失去巴爾幹半島大半疆域，第一次巴爾幹戰爭結束。

然而，鄂圖曼帝國的氣數未盡。

同年六月，巴爾幹諸國為瓜分自鄂圖曼帝國奪得的土地，內部發生紛爭，因而在保加利亞與其他各國之間爆發第二次巴爾幹戰爭。恩維爾趁此動盪，兵不血刃地成功奪回保加利亞撤軍後的愛第尼，立下大功，一舉榮獲英雄美譽。

儘管鄂圖曼帝國收復愛第尼，最終還是失去八成的歐洲版圖。不僅喪失領土，人員傷亡更是慘重。

居住在巴爾幹的穆斯林遭受迫害，難民流入帝國所剩無幾的土地，數量多達六十四萬人，此外約五萬人死於戰爭，十萬人死於飢餓及疫病。巴爾幹戰爭中毀滅性的失敗及隨之而來的災難，從此成為鄂圖曼帝國人民心中沉重的傷痛。

因巴爾幹戰爭戰敗，凱末爾的家鄉薩洛尼卡亦被迫脫離鄂圖曼帝國統治，成為希臘領地。因因此，凱末爾為了母親祖貝黛，於伊斯坦堡多瑪巴切皇宮附近購買房宅。祖貝黛再婚對象的姪女斐凱耶（Fikriye Hanım），同樣移居伊斯坦堡，並自此而後，時常登門拜訪，漸漸地與凱末爾親密往來。每當單身的凱末爾需要女伴陪同出席宴會等場合時，他都會邀請小六歲的斐凱耶一同前往。

在保加利亞的中場休息

一九一三年一月，統一進步委員會在巴爾幹戰爭期間，藉由政變奪得鄂圖曼政府實權。翌年，巴爾幹戰爭英雄恩維爾就任陸軍指揮官，與蘇丹姪女訂婚，鞏固了個人權力與威勢。

另一方面，凱末爾於巴爾幹戰爭結束後，被任命為駐外武官，派駐保加利亞首都索菲亞。這場人事異動，似乎是為了讓凱末爾離開帝都伊斯坦堡。或許這是大權在握的恩維爾，對地位雖低卻鋒芒畢露的凱末爾心生警戒，背地所做的安排。

儘管此番調動可說是降職，但對凱末爾來說，駐留保加利亞的經驗意義重大。

保加利亞雖是新興國家，卻在第一次巴爾幹戰爭中擊潰鄂軍。凱末爾仔細觀察該國軍事及政治，與權要深入交流。此外，駐外期間，他撰寫了一本用兵論，題名為《將校與司令官的對話》（Zabit ve Kumandan ile Hasbihal）。在這本短篇著作中，凱末爾以自己在利比亞戰爭中的經驗為例，論述指揮官捨身奉獻的重要性，並提及在日俄戰爭中，「戰鬥精神」是日軍獲勝的關鍵因素。

最後，因第一次世界大戰爆發及鄂圖曼帝國參戰，中斷了凱末爾駐外武官的指令。

第一次世界大戰爆發

一九一四年六月二十八日，發生奧地利皇儲法蘭茲・費迪南大公（Archduke Franz Ferdinand of Austria）遭塞爾維亞民族主義者暗殺事件，地點位在波士尼亞與赫塞哥維納都市塞拉耶佛。奧地利對塞爾維亞宣戰後，奧地利獲得德國支持（同盟國），塞爾維亞則有俄羅斯當後盾，不久英法加入後者陣營（協約國），發展成席捲全歐洲的多國戰爭，這便是第一次世界大戰（參照二二八頁）。

鄂圖曼帝國在十九世紀雖與英法關係密切，但自世紀末開始加深與德國間的關係，主導第二次憲政的統一進步委員會——尤其是恩維爾——更是親德派。在巴爾幹戰爭中元氣大傷的鄂圖曼帝國已竭盡所能避免戰事，但十一月在恩維爾獨斷專行之下，加入德國陣營，對外宣戰。

鄂圖曼帝國在第一次世界大戰中，主要參與四大戰線。

一、高加索戰線，敵方為俄軍；

二、埃及戰線，敵方為英軍；

三、伊拉克戰線，敵方為英軍、阿拉伯軍；

四、達達尼爾海峽（加利波利戰役），敵方主要為英軍。

開戰後，恩維爾先發制人，攻打高加索，吃下慘痛敗仗，反遭俄軍長驅入侵安那托利亞東部。鄂軍在埃及的進攻亦以失敗告終，不過在伊拉克戰線傳出捷報。然而，長期受鄂圖曼帝國統治的阿拉伯民族，因情報官湯姆士・愛德華・勞倫斯（Thomas Edward Lawrence，亦稱「阿拉伯的勞倫斯」〔Lawrence of Arabia〕）居中行動而起義反叛。同為穆斯林的阿拉伯人叛亂，令鄂圖曼政府陣腳大亂。

加利波利（格里波魯）戰役

在第二次世界大戰中，與納粹德國奮戰到底、引領英國走向勝利的英國首相溫斯頓・邱吉爾（Winston Churchill），在第一次世界大戰爆發期間任職海軍指揮官。邱吉爾為了在大戰中一鼓作氣取得優勢，籌措進攻達達尼爾海峽作戰計劃。在邱吉爾的沙盤推演中，只要攻破連結馬爾馬拉海及愛琴海的達達尼爾海峽，鄂圖曼帝國的帝都伊斯坦堡便近在咫尺，帝國勢必非得投降。如此一來，也能更輕易地與受困於德軍而陷入苦戰的俄軍聯繫，運輸補給。

於是，一九一五年二月至三月，英法聯合艦隊嘗試一舉突破達達尼爾海峽防線。然而，兩岸猛烈的炮火及水雷，阻擋艦隊的攻堅行動。於是聯軍轉換策略，改從達達尼爾海峽北側地區，也就是加利波利半島，派遣陸軍登陸占領。經過激烈爭戰，四月聯軍成功確保海岸一隅（安薩克〔Arıburnu〕灣），據為橋頭堡。

加利波利戰役，站在壕溝中的凱末爾（左）。

指揮帝國防衛軍隊的將領，為德國派來的將軍奧托・利曼・馮・桑德斯（Otto Liman von Sanders）。桑德斯僅只坐鎮在位於半島與陸地交界的司令部，從安全地帶發號司令，分派全軍，面對聯軍欲從安薩克灣進攻內陸的攻擊，實際在前線應戰的指揮官是穆斯塔法・凱末爾中校。

第一次世界大戰，德國與聯軍的壕溝戰相當有名。在加利波利戰役中，也同樣潛伏在磨損精神的壕溝中戰鬥。

八月，局勢終於產生變化。受夠膠

著局面的聯軍增強兵力，自安薩克灣北方發動全面攻擊。然而，凱末爾撐過了連續四天的猛烈攻勢。光是那四天，鄂軍死傷一萬七千人，聯軍死傷二萬五千人，戰況激烈。

決戰後，雙方持續壕溝戰。在戰爭期間，凱末爾晉升上校，並自德國皇帝威廉二世（Wilhelm II）手中獲頒鐵十字勳章。十二月五日，凱末爾因身體不適，離開前線返回伊斯坦堡，但聯軍在那時早已決定撤離。翌年一月九日，聯軍完全撤出加利波利。

加利波利戰役造成莫大的人員傷亡，雙方死傷共計五十萬人。聯軍打算一舉攻下伊斯坦堡的計畫徹底失敗。

經此戰役，凱末爾一下子奪得英雄稱號。另一方面，策畫加利波利作戰的邱吉爾，引咎辭去海軍指揮官一職，這是邱吉爾在他漫長政治生涯中犯下的最大失誤。

凱末爾成為加利波利的英雄，晉升少將後，沒有片刻喘息，緊接著轉戰俄羅斯攻進的安那托利亞東部及中東戰地。

一九一八年九月十九日，英軍在巴勒斯坦發動全面進攻，鄂軍全線崩潰，在此局勢下凱末爾依舊全力奮戰。

十月三十日，鄂圖曼帝國政府與協約國簽訂停戰協定，換言之，鄂圖曼帝國戰敗。不久，德國與奧地利也戰敗，第一次世界大戰就此結束。

獨立戰爭的開端

帝都伊斯坦堡被聯軍占領，凱末爾亦受命撤回，於一九一八年十一月十三日抵達伊斯坦堡。

在伊斯坦堡，包含前章提及的哈莉黛・埃迪布在內，民眾以各種形式對聯軍占領表達抗爭。在此情況下，凱末爾首先嘗試接觸該年即位的蘇丹瓦希德丁，打探抗爭的可能性。凱末爾於一九一七年十月暫時返京時，結識當時的儲君瓦希德丁，並以副官身分陪同瓦希德丁參訪德國。凱末爾運用這層關係，和瓦希德丁面談，然而瓦希德丁並無反抗協約國的意願。

深感失望的凱末爾，另尋他法。那時，雖然安那托利亞各地出現反抗組織，但反抗運動間的聯繫薄弱，且缺乏一個象徵性的領導人物。於是，反抗組織與凱末爾接洽，希望他出面當領袖，凱末爾欣然接受這項提議。

瓦希德丁，鄂圖曼帝國最後的蘇丹。

一九一九年五月十五日，希臘軍在英國支援下，於伊茲密爾登陸。儘管協約國亟欲瓜分安那托利亞，但列強諸國在大戰中已筋疲力盡，於是派出希臘打頭陣。這場瓜分計畫在一九二〇年以《色佛爾條約》（Traité de Sèvres）的形式實現，但內容十分苛刻，鄂圖曼帝國僅剩安那托利亞中部地區。

凱末爾搭船離開伊斯坦堡，在希臘入侵四天後的一九一九年五月十九日，於黑海南岸桑孫（Samsun）上岸。

死刑判決

凱末爾與反抗組織的幹部先後在艾朱倫（Erzurum）及西瓦斯會合後，決議獨立戰爭的策略。凱末爾預料不配合蘇丹的伊斯坦堡帝國議會將遭解散，因而在安卡拉舉行大國民議會、組織內閣，安卡拉政府就地成立。

儘管凱末爾和安卡拉政府四面受敵，仍一一打倒政敵。

敵對之一是兼任哈里發的蘇丹及鄂圖曼帝國政府。伊斯坦堡的鄂圖曼帝國政府指控凱末爾等人為不信仰者（gâvur），處以死刑判決。當時仍有許多人支持兼任哈里發的蘇丹＝哈里發，響應瓦希德丁的呼籲，在安那托利亞各地發動叛亂，抵制安卡拉政府。對此，凱末爾派出努爾丁帕夏（Nurettin Paşa）將領，徹底鎮壓反叛分子。努爾丁的本領確實厲害，但同時也相當殘酷。這場鎮壓活動中，死傷超過一萬人，其中恐怕還包含無辜民眾在內。

安那托利亞東南部則遭統治敘利亞的法軍入侵。為了爭奪該地主要都市馬拉什（Maraş）、烏爾法（Urfa）、安泰普（Antep），從一九一九年至一九二一年，發生一系列攻防戰，最終以有利於安卡拉政府的情勢完結。

在俄羅斯帝國崩裂後的混亂中，亞美尼亞於高加索建國，並且在《色佛爾條約》中，安那托利亞東部被劃分給亞美尼亞。藉《色佛爾條約》取得力量的亞美尼亞，不斷對鄂圖曼領地發動小規模攻擊，讓安卡拉政府忍無可忍，於是一九二〇年九月，安卡拉政府與亞美尼亞之間開啟戰事。結果，戰爭由卡拉貝基爾將軍率領的安卡拉政府軍獲得壓倒性勝利而結束，最後劃分出與現在大致相同的國界。

穆斯塔法．凱末爾（左）與哈莉黛

與斐凱耶的悲戀

附帶一提，在獨立戰爭顛峰的一九二〇年十一月，斐凱耶來到安卡拉探訪凱末爾。愛慕凱末爾的斐凱耶，明知危險，還是從伊斯坦堡潛逃了出來。於是，斐凱耶開始在凱末爾府邸打理家務，當他的個人秘書。

兩人雖然親密，但要進一步發展仍存有兩大障礙。第一，當時正值希臘戰爭期間，兩人要結婚，也必須等到戰勝獨立後。

其二，凱末爾的母親祖貝黛及妹妹瑪可布萊·阿塔丹（Makbule Atadan）非常討厭斐凱耶。至於兩人為何與斐凱耶交惡，原因不明。總而言之，凱末爾與斐凱耶的關係未能進一步發展。

譯注：Gallipoli 的中文翻譯，部分台灣媒體採用「加里波利」、亦有「加利波里」、「加里波里」等翻譯，本書根據國教院雙語詞彙網站決定譯詞──加利波利。

3 就任土耳其共和國第一任總統

與希臘軍之戰及獨立戰爭獲勝

一九二一年初，希臘軍終於開始向內陸行軍。因寡不敵眾，讓希臘軍一路攻進到庫塔雅（Kutahya）附近，不過在同年三月的伊諾努戰役中，領導反擊軍隊的穆斯塔法·伊斯麥特·伊那努上校（Mustafa İsmet İnönü）立下大功，一度中斷希臘軍的前進。然而，希臘軍重整隊伍，七月開始全面進攻，大軍直驅安卡拉郊區。

這段期間，凱末爾沒有直接指揮軍隊，而是專心致力於安卡拉政府體制的建立。他早已放棄鄂圖曼帝國，正在努力為新國家的誕生做準備。然而戰況告急，凱末爾遂擔任總司令，迎擊希臘軍隊。

八月二十三日，兩軍在安卡拉西方五十公里處的薩卡里亞河（Sakarya Nehri）東岸激戰。儘管凱末爾不幸在戰前落馬骨折，依舊指揮有方，令裝備精良的希臘軍備嘗辛苦。期間，他亦考慮將政府遷移開瑟里（Kayseri）以保萬全，由此可見凱末爾作戰策略的靈活性。不過，最終沒有這個必要，因為在持續二十二天的激戰後，希臘軍撤退。

國民軍雖然獲勝，但亦損失慘重，再無餘力可以趁勝追擊。直到一九二二年九月，他們才重整軍隊，進攻西部，將希臘軍趕出安那托利亞。看到凱末爾在薩卡里亞亮麗的表現，各國早已放棄伊斯坦堡的鄂圖曼帝國政府，改與安卡拉政府進行談判。於是，一九二二年十月簽訂《木達涅停戰協定》（Armistice of Mudanya），獨立戰爭以勝利收場。

鄂圖曼帝國滅亡與土耳其共和國建國

一九二二年十月，安卡拉大國民議會決議廢除蘇丹制，瓦希德丁成為末代蘇丹，隔月十一月流亡，存續六百年的鄂圖曼帝國就此滅亡。

一九二三年凱末爾宣布共和制，成立土耳其共和國，並就任第一任總統。這一年簽訂的《洛桑條約》（Treaty of Lausanne），取得與今日土耳其大致相同的國土範圍，免除了國土被瓜分的危機。

戰爭雖然結束，凱末爾眼前的任務卻是堆積如山。他第一個動作是廢除哈里發制（一九二四年）。鄂圖曼帝國的蘇丹制度雖然已被廢除，但身為宗教領袖的地位（哈里發）依然存在。儘管哈里發制的支持者眾多，凱末爾依舊果斷地廢除該制度。

接著，凱末爾採取各種行動，鞏固權力。獨立戰爭期間，有權人士為了獲勝，一致認同凱末爾強勢的領導能力，然而在此同時，他們亦十分抗拒凱末爾所採取的手段，遂於戰後組成在野黨。對此，凱末爾視庫德人主導的謝赫・薩伊德叛亂（Sheikh Said rebellion，一九二五年）及凱末爾暗殺未遂事件（一九二六年）為大好機會，橫掃千軍，十五人被判死刑，凱末爾的實力派勁敵卡齊姆・卡拉貝基爾將軍自政界退隱。當時身在海外的哈莉黛・埃迪布及夫婿阿德南醫生，直接步入流亡生活，直到凱末爾死後，才重返祖國（參照二三二頁）。

從此，凱末爾大權獨攬。

與拉蒂菲結婚又離異

那時，凱末爾的私生活也出現了巨大變化。

獨立戰爭勝利後不久的一九二二年九月，凱末爾邂逅了一名女子，那人便是伊茲密爾富商之女拉蒂菲（Lâtife Uşaklıgil）。拉蒂菲出生於一八九八年，小凱末爾十七歲。凱末爾似乎相當欣賞這名在法國接受教育、受西方文化薰陶的年輕女子。

凱末爾與拉蒂菲

當時斐凱耶罹患結核病，凱末爾以療養為由，將她送往慕尼黑，讓拉蒂菲伴隨在自己左右。兩人相識不到半年，便在翌年一九二三年初結婚。斐凱耶接獲通知後，立刻回國，求見凱末爾遭拒，絕望之餘，竟舉槍自盡。凱末爾雖派御用醫師為其診治，但斐凱耶不久便去世。

凱末爾與拉蒂菲的婚禮以現

代服飾舉行，彷彿象徵著土耳其新時代的來臨。新娘沒有用傳統面紗遮蓋容貌，讓眾人大吃一驚。獨立戰爭後，凱末爾前往土耳其各地參訪戰傷未癒的軍人時，身旁的拉蒂菲同樣未用面紗掩面，讓人們對「新時代」留下深刻印象。

然而，兩人的婚姻生活沒多久便破裂。有別於斐凱耶，拉蒂菲是個不掩才華、行動力十足的女子。反觀凱末爾，儘管他在公開場合表現得思想開明，但在家庭中他希望女人要千依百順。再加上凱末爾平日公務繁忙，偶爾待在家中，與其花時間陪伴少妻，他更喜歡與友人把酒到天明。凱末爾總是狂飲拉客酒（raki，帶有茴香香氣的蒸餾酒，兌水後會變白濁，俗稱「獅子奶」），拉蒂菲擔心他的身體，曾經想阻止客人到家中作客，卻引來凱末爾大怒。

兩人關係漸行漸遠，最終在結婚兩年半後離婚。在那之後，凱末爾與拉蒂菲皆未再婚。拉蒂菲於一九七五年去世，享年七十七歲。

總統凱末爾

凱末爾鞏固權勢後，迅速提出一系列大膽革新，以求整頓「新土耳其」的國家體制。

凱末爾改革主軸是「土耳其民族主義」，強勢地將目標設定在從多民族、多宗教國家的鄂圖曼帝國，轉換成社會整體為單一民族國家的土耳其共和國。這項政策是鞏固新土耳其國家不可或缺的必要政策，雖不完善但依舊奏效，卻也同時帶來了三大副作用。

其一是庫德人的問題。庫德人生活在土耳其東部、伊朗及伊拉克，以庫德語為母語，擁有悠久歷史。他們為穆斯林，所以對基於宗教而非民族行使統治的鄂圖曼帝國來說，庫德人與突厥人之間的差異不成問題。然而，在土耳其共和國的基本國策為土耳其民族主義，因此庫德人被視為「山地土耳其人」（Mountain Turks），列入同化政策的對象。

第二個問題是該如何看待伊斯蘭教？

在新生的土耳其共和國中，為了樹立西式的世俗國家（Secular state），廢哈里發制度，包含伊斯蘭經學院、宗教捐獻基金等在內，所有鄂圖曼帝國時代源自伊斯蘭教的各項制度也一一廢除。儘管如此，要建構一個得以替代鄂圖曼帝國國教之伊斯蘭教的身分認同，並不容易。雖然已竭盡可能地排除伊斯蘭教在政治上的影響力，但依舊無法全盤否定它的文化影響，至今持續薰染不息。

獨裁手段與威權主義

這些政策在強勢的專制政權下推行，亦埋下了巨大禍根。

普遍認為凱末爾是一名積極進取且開明的領袖，這個評價並沒有錯，但他的手段卻是獨裁專橫，這點不容置喙。在凱末爾的眼皮底下，即使一個群體對政權釋出善意的建議，哪怕只有一丁

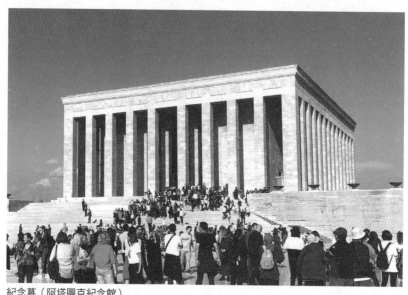

紀念墓（阿塔圖克紀念館）

點的意見不合，便即刻被迫解散，最後僅以一群忠貞不二的「應聲蟲」鞏固組成類似團體，這樣的例子不勝枚舉，伊斯坦堡大學的解散重組便是最佳寫照。並且，凱末爾雖然曾下令組織在野黨，但當在野黨出乎意料地大受歡迎時，他亦即刻要求該黨解散。這種權威主義對於政變及獨裁反覆循環的土耳其共和國政治產生了巨大影響。

影響力猶存的阿塔圖克

土耳其於一九三四年制定姓氏法。在此之前，人們一般不具姓氏，這時規定所有國民都將擁有姓氏。大國民議會將「阿塔圖克」贈予凱末爾，意指「土耳其人的父親」。這個姓氏僅限一代，並禁止凱末爾以外的人使用。

塑造土耳其這個國家的凱末爾——從現在起讓我們稱之為阿塔圖克——在一九三八年於伊斯坦堡多瑪巴切皇宮逝世，年五十七歲。死因據說是飲酒過度，導致肝硬化。最終，他還是沒能改掉以前常被拉蒂菲告誡的生活習慣，持續一邊豪飲拉客酒（參照二五八頁），一邊與友人徹夜深談。

凱末爾與拉蒂菲沒有生子，僅收養了數個養子。其中，養女阿菲特·伊楠為歷史學家，同為養女的薩比哈·格克琴（Sabiha Gökçen）為女飛行員，養子中無人從政。阿塔圖克沒有直系血親，養子們亦都不具政治影響力，這在裙帶關係主義及實質世襲盛行的中東諸國當中，可說彰顯了阿塔圖克清廉的獨特性。

阿塔圖克的遺骸從伊斯坦堡遷移至安卡拉後，長久以來一直存放在現民俗學博物館的建築物裡。不過，一九五三年安卡拉某山丘上一棟名為紀念墓（Anıtkabir）的巨大廟宇落成後，他的遺骸便遷葬現址。時至今日，到此地參訪的人們依舊絡繹不絕，彷彿參拜聖人陵墓一般。

專欄五

艾爾多安總統——百年後登場的阿塔圖克強敵

二〇二〇年現任土耳其共和國總統艾爾多安，一九五四年生於伊斯坦堡某個不富裕的家庭中，就讀導師傳教師養成學校（mam Hatip school），學習伊斯蘭教文化。後來艾爾多安加入親伊斯蘭派政治家內吉梅丁 艾爾巴坎（Necmettin Erbakan）領導的福利黨（Refah Partisi），以青年政治家嶄露頭角。一九九四年以該黨名義當選伊斯坦堡市長，興建基礎建設、進行福利改革、發揮本領，獲得高度評價。一九九八年福利黨解散後，和一群青年政治家組成正義與發展黨，在二〇〇二年大選中獲得勝利。此後，同黨帶動停滯不前的土耳其經濟發展，推動民主而博得廣大支持，長期握有政權直到現在。

艾爾多安總統重視伊斯蘭價值，一有機會便強調鄂圖曼帝國遺產的重要性，與否定鄂圖曼帝國並以世俗主義（secularism）為國策建國的阿塔圖克形成鮮明對比。建國以來，多名歷代執政黨及軍方皆將阿塔圖克政策視為聖旨，排除異己政治家（艾爾多安在福利黨時代，便曾因發表包含宗教內容的演講而入獄）。然而，國民大多為穆斯林，要讓世俗主義強行滲透並不容易。實際上，在土耳其共和國選舉史上，反映民意的親伊斯蘭政權獲勝情況並不罕見。福利黨和正義與發展黨，都是在此背景下崛起而躍進。

如今，人們開始得以對阿塔圖克的成就給予客觀的評價及批判，過度的神化言論正逐漸消逝。然而毫無疑問的，阿塔圖克依舊受大多數國人敬仰。奮勇向這位國父遞戰帖的艾爾多安總統，於二〇一七年透過憲法修正案，實現改行總統制度，於制度上取得凌駕阿塔圖克的權力。但是，要說艾爾多安總統的根基堅不可摧，卻也不盡然。近年來，正義與發展黨獲得支持來源的經濟發展已失去光環，政治權威主義的急速發展，也侵蝕了人民對走向民主的期待。

在此情況下，即將於二〇二三年迎接土耳其共和國建國百年的艾爾多安總統，又會替自己留下什麼樣的歷史評價？

後記

歷史，是由人類活動建構而成。當然，並不僅止於如此。對一個歷史學家來說，這種想法顯得有些天真，然而筆者在撰寫上一本著作《鄂圖曼帝國》（中公新書）期間，這個想法卻是愈加得印證，因而萌生一股衝動，想將重點聚焦在歷史人物身上，講述他們在歷史洪流中，被命運擺弄或與之抗衡的人生故事及細節，像是上一本書中提及的蘇丹等人在歷史幕前難得一見的另一面、像是那些被通史敘事排拒在外的女性所擁有的耀眼表現，又或是藝術家的精采人生……。

正當我心中有無限幻想時，有幸獲得幻冬舍福島廣司先生及木田明理女士的邀稿，希望我執筆一系列鄂圖曼帝國英雄偉人傳記，我二話不說地點頭答應，因而開始了幻冬舍plus網站的連載，而本書便是前述連載增添修訂後的成品。

本書大部分內容是筆者在二〇一九年度，於土耳其共和國首都安卡拉中東工科大學海外觀摩研習期間的寫作文稿。阿塔圖克建制的近代都市裡，我在坐落於山腳下的廣大校園一隅，一邊思考著這片土地居民的過去與未來，一邊寫下既苦澀又快樂的回憶。

個人文筆或有不足之處，關於本書是否充分描述書中十大英豪的魅力，就留給讀者諸君去評論。礙於「新書」格式，無法於文中標記註釋，但筆者盡力於本文中反映最新研究成果。慶幸的是，安卡拉因地利之便，可以立刻取得剛發行的評傳或研究書籍，讓我得以專心致志地蒐集古書及史料。基於上述成果，個人備感欣慰的是這次得以刊登不遜於上一本著作的參考文獻。

本書能順利刊行，受到各方鼎力相助。

感謝中東工科大學歷史系歐默・圖蘭（Ömer Turan）教授，接納我以客座副教授身分入校，於研究及生活提供各種協助。同大學歷史系凱翰・歐百（Kayhan Orbay）副教授（現已升為教授）、國際關係學系穆斯塔法・杜凱什（Mustafa Türke）教授，亦不吝指教，給予我諸多啟發。同時，教師宿舍附近的貓群亦滋潤了我在安卡拉旅居的生活。九州大學研究生岩元恕文，協助我史料蒐集與校稿，在本書寫作過程中，提供了相當大的幫助。以肖像畫作為各章導讀的靈感，則是來自我與身為西洋美術史研究員的夥伴——美果的對話。在本書寫作期間誕生的新家庭成員真秀，則帶給我極大的鼓舞。最重要的是，我要向幻冬舍木田女士致上十二萬分的感謝。她在長達一年的連載期間，陪伴著我一路走來，不時提出精準且充滿熱情的意見。本書的書名、各章節大小標題，有許多都是來自她的意見，容我再次表達感謝之意。

- 粕谷元「ムスタファ・ケマル(アタテュルク)」鈴木董編『悪の歴史 西洋編(上)・中東編』清水書院，2017年，390-401頁．
- M・シュクリュ・ハーニーオール，新井政美監訳，柿﨑正樹訳『文明史から見たトルコ革命——アタテュルクの知的形成』みすず書房，2020年．

專欄

- Ekrem Işın ed. *Dört Ayaklı Belediye: İstanbul'un Sokak Köpekleri.* Istanbul: İstanbul Araştırmaları Enstitüsü, 2016.
- Jane Hathaway. *The Chief Eunuch of the Ottoman Harem: From African Slave to Power-broker.* Cambridge: Cambridge University Press, 2018.
- Ehud R. Toledano. *Slavery and Abolition in the Ottoman Middle East.* Seattle: University of Washington Press, 1998.
- 川本智史「猫にレバー——イスタンブルの猫たち」『地中海学会月報』360号，2013年，6頁．
- 清水和裕『イスラーム史のなかの奴隷』山川出版社，2015年．
- 鈴木董『オスマン帝国とイスラム世界』東京大学出版会，1997年．
- 辻大地「前近代イスラーム社会における去勢者——性的対象としての側面を中心に」(『シルクロード』28号，2018年，2-4頁．
- アラン・ミハイル，上野雅由樹訳「狡兎良狗の帝国——オスマン期カイロの街路における暴力と愛情」『都市文化研究』21号，2019年，98-114頁．
- ロナルド・シーガル，設樂國廣監訳『イスラームの黒人奴隷——もう一つのブラック・ディアスポラ』明石書店，2007年．

圖片出處一覽

p.22 Aşıkpaşazade, Necdet Öztürk ed. *Aşıkpaşazade Tarihi*. Istanbul: Bilge Kültür Sanat, 2013.
p.32 Selmin Kangal ed. *Topkapı Palace: The Imperial Treasury*. Istanbul: Mas Matbaacılık, 2001.
p.139 Gül İrepoğlu. *Levni: Painting, Poetry, Colour*. Istanbul: Kültür ve Turizm Bakanlığı Yayınları, 1999.
p.152, p.154 Metin And. *Miniature*. Istanbul: Yapı Kredi Yayınları, 2014.
p.208, p.213 Zeynep Özel ed. *Osman Hamdi Bey: Bir Osmanlı Aydını*.Istanbul: Pera Müzesi, 2019.
p.216 Suraiya Faroqhi ed. *Animals and People in the Ottoman Empire*. Istanbul: Eren, 2010.
p.220 A. Gül İrepoğlu and Ahmet Kamil Gören. *Resim, Büst, Kabartma, Fotoğraf Koleksiyonu*. İstanbul Üniversitesi Edebiyat Fakültesi: Istanbul, 2002.
p.222, p.229, p.234, p.236 İpek Çalışlar. *Halide Edib: Biyografisine Sığmayan Kadın*. Istanbul: Everest Yayınları, 2010.
p.226 Turhan Ada. *Adnan Adıvar: Hayatı ve Kişiliği*. Istanbul: İstanbul Kültür ve Sanat Ürünleri Tic. A. Ş., 2010.

p.27, p.50, p.52, p.64, p.82, p.103, p.106, p.108, p.109, p.112, p.124, p.143, p.186, p.205, p.262 作者攝影
其餘為公共領域作品

第七章 馬木德二世

・Bernard Lewis. *The Emergence of Modern Turkey.* 3rd ed. New York: Oxford University Press, 2002.
・Yılmaz Öztuna. *Sultan II. Mahmud: Cihan Hakanı ve Yenileşme Padişahı.* 3rd ed. Istanbul: Ötüken, 2019.
・M. Çağatay Uluçay. *Padişahların Kadınları ve Kızları.* 3rd. ed. Ankara: Türk Tarihi Kurumu, 1992.
・Necdet Sakaoğlu. *Bu Mülkün Kadın Sultanları.* Istanbul: Alfa, 2015.
・Ali Yaycıoğlu. *Partners of the Empire: The Crisis of the Ottoman Order in the Age of Revolutions.* Stanford, 2016.
・Coşkun Yılmaz ed. *II. Mahmud: Istanbul in the Process of Being Rebuilt.* Istanbul, 2010.
・新井政美『トルコ近現代史――イスラム国家から国民国家へ』みすず書房，2001年．

第八章 奧斯曼・哈姆迪

・Mutafa Cezar. *Sanatta Batı'ya Açılış ve Osman Hamdi.* 2 vols. Istanbul: Erol Kerim Aksoy Kültür, Eğitim, Spor ve Sağlık Vakfı Yayınları, 1995.
・Edhem Eldem. "Making Sense of Osman Hamdi Bey and His Paintings." *Muqarnas* 29 (2012): 339-383.
———. *Osman Hamdi Bey İzlenimler, 1869-1885.* Istanbul: Dogăn Kitap, 2015.
———. *Mitler, Gerçekler ve Yöntem.* Istanbul: Tarih Vakfı, 2018.
・Zeynep Özel ed. *Osman Hamdi Bey: Bir Osmanlı Aydını,* Istanbul: Pera Müzesi, 2019.
・Wendy M.K. Shaw. *Possessors and Possessed: Museums, Archaeology, and the Visualization of History in the Late Ottoman Empire.* Berkeley: University of California Press, 2003.
・Gültekin Yıldız. "Ottoman Participation in World's Columbian Exposition (Chicago-1893)." *Türklük Araştırmaları Dergisi* 9(2001): 131-67.
・エドヘム・エルデム，岩田和馬・友常勉訳「いかにしてオリエンタルのオリエンタリストになるのか？ オスマン・ハムディ・ベイの人生と精神：1842-1910」『日本語・日本学研究』第9号，2019年，123-156頁．
・大村幸弘『トロイアの真実――アナトリアの発掘現場からシュリーマンの実像を踏査する』山川出版社，2014年．
・吉見俊哉『博覧会の政治学――まなざしの近代』中公新書，1992年．

第九章 哈莉黛・埃迪布

・Halide Edib [Adıvar]. *Memoirs of Halide Edib.* New York: The Century Co., 1926.
———. *The Turkish Ordeal.* New York: The Century Co., 1928.
———. *Turkey Faces West: A Turkish View of Recent Changes and Their Origin.* New Haven: Yale University Press, 1930.
———. *Conflict of East and West in Turkey.* Delhi: Maktaba Jamia Millia Islamia, 1935.
・Aysun Akan and Uygur Kocabaşoğlu. *Mütareke ve Milli Mücadele Basını: Direniş ile Teslimiyetin Sözcüleri ve "Mahşer"in 100 Atlası.* Istanbul: Istanbul Bilgi Üniversitesi Yayınları, 2019.
・İpek Çalışlar. *Halide Edib: Biyografisine Sığmayan Kadın.* Istanbul: Everest Yayınları, 2010.
・Tuna Serim. *Aşktan da Üstün.* Istanbul: Destek Yayınları, 2018.
・坂田舜「トルコ共和国初期の「女性解放」」『シルクロード』28号，2018年，12-13頁．
・村上薫「オスマン帝国の女性地位改革」三成美保・姫岡とし子・小浜正子編『歴史を読み替える ジェンダーから見た世界史』大月書店，2014年，216-217頁．

第十章 穆斯塔法・凱末爾

・İpek Çalışlar. *Latife Hanım.* 12th ed. Istanbul: Doğan Kitap, 2006.
・George W. Gawrych. *The Young Atatürk: From Ottoman Soldier to Stateman of Turkey.* Paperback ed. London: I.B.Tauris, 2015.
・Andrew Mango. *Atatürk: The Biography of the Founder of Modern Turkey.* New York: The Overlook Press, 2002.
・宇野陽子「アタテュルクの離婚」長沢栄治監修『結婚と離婚』明石書店，2019年，169-171頁．
・小笠原弘幸編『トルコ共和国 国民の創成とその変容――アタテュルクとエルドアンのはざまで』九州大学出版会，2019年．

・N. M. ペンザー，岩永博訳『トプカプ宮殿の光と影』法政大学出版局，1992年．
・三橋冨治男『オスマン帝国の栄光とスレイマン大帝』清水書院，2018年．

第四章 錫南

・A. Afetinan. *Mimar Koca Sinan.* Ankara: Türk Tarih Kurumu, 2018.
・Doğan Kuban. *Sinan'ın Sanatı ve Selimiye.* Istanbul: Türkiye İş Bankası Kültür Yayınları, 1997.
・Rifat Osman, Yasin Beyaz ed. *Mimar Sinan'ın İzinde.* Istanbul: Pınar Yayınları, 2018.
・Selçuk Mülayim. *Sinan bin Abdülmennan: Bir Dünya Mimarının Hayat Hikâyesi, Eserleri ve Ötesi.* Ankara: İSAM Yayınları, 2013.
・Gürlü Necipoğlu. "Creation of a National Genius: Sinan and the Historiography of "Classical" Ottoman Architecture." *Muqarnas* 24(2007): 141-183.
———. *The Age of Sinan: Architectural Culture in the Ottoman Empire.* Paperback ed. London: Reaktion Books, 2010.
・川本智史「トルコ建築史・都市史」『建築史学』58 巻，2012年，110-26頁．
・羽田正『増補 モスクが語るイスラム史——建築と政治権力』ちくま学芸文庫，2016年．

第五章 珂姍

・Ali Akyıldız. *Haremin Padişahı Valide Sultan: Harem'de Hayat ve Teşkilat.* Istanbul: Timaş Yayınları, 2017.
・Erhan Afyoncu. *Muhterem Valide: Kösem Sultan.* Istanbul: Yeditepe Yayınevi, 2015.
・Ahmet Refik Altınay. *Kadınlar Saltanatı.* 2 vols. Istanbul: Tarih Vakfı, 2000.
・Marc D. Baer. *Honored by the Glory of Islam: Conversion and Conquest in Ottoman Europe.* Oxford: Oxford University Press, 2008.
・Reşad Ekrem Koçu. *Kösem Sultan.* Istanbul: Kervan Yayıncılık, 1972.
・Özlem Kumrular. *Kösem Sultan: İktidar, Hırs, Entrika.* Istanbul: Doğan Kitap, 2015.
・Osman Selaheddin Osmanoğlu. *Osmanlı Hanedanı'nın Kayıt Defteri.* Istanbul: Timaş Yayınlar, 2019.
・Abdülkadir Özcan. *IV. Murad: Şarkın Sultanı.* 3rd. ed. Istanbul: Kronik Yayıncılık, 2018.
・Baki Tezcan. *The Second Ottoman Empire: Political and Social Transformation in the Early Modern World.* Cambridge: Cambridge University Press, 2010.

第六章 勒弗尼

・Hülya Bulut. "Nedim ve Levnî ile Hayat Bulan Lâlesi." *Doğu Batı* 85(2018): 257-70.
・Özkan Eroğlu. *Minyatür Sanatı: Sanatın Yaratıcı Kökleri.* Istanbul: Tekhne Yayınları, 2016.
・Gül İrepoğlu. "Lâle Devri'ne Doğu'dan ve Batı'dan Bakmak: Levnî ile Vanmour." *Doğu Batı* 85(2018): 65-74.
———. *Levni: Painting, Poetry, Colour.* Istanbul: Kültür ve Turizm Bakanlığı Yayınları, 1999.
・R. Barış Kıbrıs. *Intersecting Worlds: Ambassadors and Painters.* 2nd. ed. Istanbul: Pera Museum, 2016.
・Seyyid Lokman. *Kıyâfetü'l-İnsâniyye fî Şemâili'l-'Osmâniyye.* Istanbul: The Historical Research Foundation Istanbul Research Center, 1987.
・Seyyit Vehbî and Levni. Esin Atıl ed. *Levni and the Surname: The Story of an Eighteenth-century Ottoman Festival.* Istanbul: Koçbank, 1999.
・Banu Mahir. *Osmanlı Minyatür Sanatı.* 2nd. ed. Istanbul: Kabalcı Yayıncılık, 2018.
・Dana Sajdi ed. *Ottoman Tulips, Ottoman Coffee: Leisure and Lifestyle in the Eighteenth Century.* London, 2007.
・オルハン・パムク，宮下遼訳『わたしの名は赤』(上・下)，ハヤカワepi文庫，2012年．
・永田雄三，羽田正『成熟のイスラーム社会』中央公論社，1998年．
・牧野信也訳『ハディース イスラーム伝承集成』全6巻，中公文庫，2001年．
・桝屋友子『イスラームの写本絵画』名古屋大学出版会，2014年．

主要參考文獻

第一章 奧斯曼一世

- Halil İnalcık. "Osmanlı Devletinin Kuruluşu Problemi." *Doğu Batı* 2/7(1999): 9-22.

  ——. "Osmanlılar'da Saltanat Verâseti Usûlü ve Türk Hakimiyet Telâkkisiyle İlgisi." *Ankara Üniversitesi Siyasal Bilgiler Fakültesi Dergisi* 14/1(1959): 69-94.
- Cemal Kafadar. *Between Two Worlds: The Construction of the Ottoman State.* Berkeley. 1996.
- Heath W. Lowry. *The Nature of the Early Ottoman State.* Albany, 2003.
- Hakkı Önkal. *Osmanlı Hanedan Türbeleri.* Ankara: Atatürk Kültür Merkezi Başkanlığı, 2017.
- İsmail Hakkı Uzunçarşılı. "Gazi Orhan Bey Vakfiyesi." *Belleten* 5/19(1941): 277-88.
- 小笠原弘幸『イスラーム世界における王朝起源論の生成と変容――古典期オスマン帝国の系譜伝承をめぐって』刀水書房, 2014年.

第二章 梅赫梅德二世

- Erdoğan Aydın. *Fatih ve Fetih: Mitler-Gerçekler.* 9th ed. Istanbul: Kırmızı Yayınları, 2008.
- Franz Babinger. Ralph Manheim trans. *Mehmed the Conqueror and His Time.* Princeton: Princeton University Press, 1992(reprint).
- John Freely. *The Grand Turk: Sultan Mehmet II: Conqueror of Constantinople, Master of an Empire and Lord of Two Seas.* London: I.B. Tauris, 2009.
- Halil Berktay. *Renaissance Italy and the Ottomans: History's Overlaps and Faultlines.* Istanbul: Sakıp Sabancı Müzesi, 2003.
- Feridun M. Emecen. *Fetih ve Kıyamet 1453.* 8th ed. Istanbul: Timaş yayınları, 2015.
- Kritovoulos. Charles T. Riggs trans. *History of Mehmed the Conqueror.* Westport: Greenwood Press, 1970(reprint).
- Nusret Polat. "Kültürel Bir Karşılaşma: II. Mehmed ve Bellini." *Sanat-Tasarım Dergisi* 6(2015): 33-37.
- アンドレ・クロー, 岩永博他訳『メフメト二世――トルコの征服王』法政大学出版局, 1998年.
- 小笠原弘幸「オスマン／トルコにおける「イスタンブル征服」の記憶――1453-2016年」『歴史学研究』958号, 2017年, 47-58頁.
- ジョルジョ・ヴァザーリ, 平川祐弘・小谷年司訳『芸術家列伝2 ボッティチェルリ、ラファエルロほか』白水Uブックス, 2011年.

第三章 許蕾姆

- Burak Özçetin. "Tarihin Kötüye Kullanımları: Popülizm, Nostalji ve Yeni Türkiye'nin Tarihi Dizileri." *Toplumsal Tarih* 306(2019): 36-43.
- Leslie P. Peirce. *The Imperial Harem: Women and Sovereignty in the Ottoman Empire.* New York: Oxford University Press, 1993.

  ——. *Empress of the East: How a European Slave Girl Became Queen of the Ottoman Empire.* New York: Basic Books, 2017.
- Oleksandra Şutko. Hazal Yalın trans. *Hürrem Sultan.* Istanbul: Kitapyayınevi, 2017.
- Ebru Turan. "The Marriage of İbrahim Pasha(CA. 1495-1536): The Rise of Sultan Süleyman's Favorite to the Grand Vizierate and the Politics of the Elites in the Early Sixteenth-century Ottoman Empire." *Turcica* 41(2009): 3-36.
- Galina İ. Yermolenko ed. Arupa *Edebiyatı, Tarihi ve Kültüründe Hurrem Sultan.* Istanbul: Koç Üniversitesi Yayınları, 2013.
- アンドレ・クロー, 濱田正美訳『スレイマン大帝とその時代』法政大学出版局, 1992年.
- 辻大地「アッバース朝期のセクシュアリティと同性間性愛――ジャーヒズ著『ジャーリヤとグラームの美点の書』の分析を通じて」『東洋学報』第98巻4号, 2017年, 1-25頁.
- 林佳世子『オスマン帝国 500年の平和』講談社学術文庫, 2016年.

鄂圖曼帝國英雄和那些女人們

蘇丹、寵妃、建築師……10位關鍵人物的趣史
帶你穿越鄂圖曼興衰600年

作者小笠原弘幸
譯者林姿呈
主編吳佳臻
責任編輯孫珍（特約）
封面設計羅婕云
內頁美術設計李英娟

發行人何飛鵬
PCH集團生活旅遊事業總經理暨社長李淑霞
總編輯汪雨菁
主編丁奕岑
行銷企畫經理呂妙君
行銷企劃專員許立心

出版公司
墨刻出版股份有限公司
地址：台北市104民生東路二段141號9樓
電話：886-2-2500-7008／傳真：886-2-2500-7796
E-mail：mook_service@hmg.com.tw
發行公司
英屬蓋曼群島商家庭傳媒股份有限公司城邦分公司
城邦讀書花園：www.cite.com.tw
劃撥：19863813／戶名：書虫股份有限公司
香港發行城邦（香港）出版集團有限公司
地址：香港灣仔駱克道193號東超商業中心1樓
電話：852-2508-6231／傳真：852-2578-9337
製版・印刷漾格科技股份有限公司
ISBN978-986-289-598-6・978-986-289-600-6（EPUB）
城邦書號KJ2008 **初版**2021年08月
定價499元
MOOK官網www.mook.com.tw
Facebook粉絲團
MOOK墨刻出版 www.facebook.com/travelmook

國家圖書館出版品預行編目資料

鄂圖曼帝國英雄和那些女人們：蘇丹、寵妃、建築師......10位關鍵人物的趣史帶你穿越鄂圖曼興衰600年/小笠原弘幸作；林姿呈譯. -- 初版. -- 臺北市：墨刻出版股份有限公司出版：英屬蓋曼群島商家庭傳媒股份有限公司城邦分公司發行, 2021.08
272面；14.8×21公分. -- (SASUGAS ;08)
譯自：オスマン帝国英傑列伝 600年の歴史を支えた スルタン、芸術家、そして女性たち
ISBN 978-986-289-598-6(平裝)
1.傳記 2.歷史故事 3.鄂圖曼帝國
783.512　　110010987